Philipp Scheuerlein

Content-Marketing-Strategien im digitalen Zeitalter

Wie können Unternehmen ihre Markenkommunikation optimieren?

Bibliografische Information der Deutschen Nationalbibliothek:

Die Deutsche Nationalbibliothek verzeichnet diese Publikation in der Deutschen Nationalbibliografie; detaillierte bibliografische Daten sind im Internet über http://dnb.d-nb.de abrufbar.

Impressum:

Copyright © EconoBooks 2021

Ein Imprint der GRIN Publishing GmbH, München

Druck und Bindung: Books on Demand GmbH, Norderstedt, Germany

Covergestaltung: GRIN Publishing GmbH

Abstract

Die vorliegende Arbeit beschäftigt sich mit dem Vergleich vonContent-Marketing-Strategien und der Ableitung eines ganzheitlichen Strategieansatzes. Dabei wurden drei ausgewählte Content-Marketing-Strategien aus der Fachliteratur vorgestellt, welche in Bezug auf ihre Gemeinsamkeiten und Unterschiede betrachtet wurden und anschließend anhand von Kriterien zur Strategiebewertung untersucht wurden. Angesichts dieser Vorgehensweise konnte eine neue, ganzheitliche Content-Marketing-Strategie abgeleitet werden, welche die wichtigsten Strategieelemente vereint. Die Arbeit zeigt auf, dass sich die vorgestellten Content-Marketing-Strategien teilweise stark unterscheiden und die Strategieentwicklung ein sehr umfangreicher Prozess ist, welcher jedoch ausschlaggebend für den Erfolg im ContentMarketing ist.

Schlagworte: Content Marketing, Content-Marketing-Strategie, Strategievergleich

Inhaltsverzeichnis

Abbildungsverzeichnis

Tabellenverzeichnis

Abkürzungsverzeichnis

B2B -Business to Business

B2C - Business to Consumer

KPI - Key Performance Indicators

KVP- Kontinuierlicher Verbesserungsprozess

1. Einordnung und Ziel der Arbeit

„Content is King"[1] (Bill Gates). Bereits im Jahre 1996 erkannte Bill Gates, derMitbegründer von Microsoft, wie wichtig wertige Inhalte für den Unternehmenserfolg sind. Gates sollte mit seiner Aussage Recht behalten, denn die letzten Jahrehaben gezeigt, dass ein Wandel in der digitalen Werbekommunikationstattgefunden hat.

Die Zeiten von Online-Werbung in Form von Pop-ups, Werbespots oder Werbebannern sind vorbei. Eine stetige Informationsüberflutung in der digitalen Welt führte dazu, dass die Werbung von den Konsumierenden nicht mehr wahrgenommen wird, weshalb ein Umdenken in der Werbebranche nötig war. Die Rückgewinnung der Aufmerksamkeit steht im Mittelpunkt der Unternehmenskommunikation. Zielgruppen können nicht mehr erreicht werden, in dem ausschließlich Werbebotschaften gesendet werden. Die Konsumierenden entscheiden selbst, welche Inhalte sie sehen wollen.[2]

An dieser Stelle setzt das Content Marketing an. Relevante Inhalte werden kostenfrei zurVerfügung gestellt. Im Kern steht dabei, den Konsumierenden einen markenbezogenen Mehrwert zu bieten, anstatt eine reine Werbebotschaft zu senden. Immer mehr Unternehmen haben erkannt, dass es essenziell ist, sich mit der Erstellung von hochwertigen Inhalten zu beschäftigen, um sich einen Wettbewerbsvorteil zu verschaffen.[3]

Durch die zunehmende Präsenzvon ContentMarketing ist auch die dahinterstehende Content-Marketing-Strategie weiter in den Fokus gerückt. Dieser umfangreiche Prozess bildet die Grundlage für ein erfolgreiches Content Marketing. Eine Content-Marketing-Strategie beinhaltet die Konzeption, Produktion, Distribution und Evaluation von Inhalten. Obwohl sich die Unternehmen über die Notwendigkeit einer Strategie bewusst sind, findet eine Umsetzung in der Praxis nur in jedem dritten Unternehmen statt.[4]Ein Grund dafür ist, dass keine allgemeingültige Strategie existiert, sondernviele verschiedene Strategieansätze. Diese unterscheiden sich sowohl inhaltlich als auch in ihrem

---

[1] Craig Bailey (2017).
[2] Vgl. Lewinski (2020), S. 8.
[3] Vgl. Riekhof/Jacobi (2016), S. 5.
[4] Vgl. Borst (2017), S. 397.

Aufbau. Für Unternehmen stellt sich daher die Auswahl der Strategie als erste Herausforderung dar.

Die aktuelle Forschungsliteratur beschäftigt sich hauptsächlich mit dem operativem Content Marketing und der Umsetzung der Strategien.Eine gezielteUntersuchung der verschiedenen Strategieansätze fand bislang jedochnicht statt. Im Rahmen dieser Arbeit wird deshalb denFragen nachgegangen, welche Gemeinsamkeiten und Unterschiede zwischen den vorgestellten Content-Marketing-Strategien vorliegen und wie ein abgeleiteter, ganzheitlicher Strategieansatz aussieht.

Ziel der Arbeit ist die Ableitung einer neuen Content-Marketing-Strategie, welche die wichtigsten Strategieelemente in sich vereint und somit als Konzeptionsgrundlage für Unternehmen dient, welche planen Content Marketing in ihre Werbekommunikation zu integrieren.

Um die gestellten Forschungsfragen zu beantworten, werden drei verschiedene Content-Marketing-Strategien aus der Fachliteratur vorgestellt. Anschließend findet ein Vergleich statt, in welchem die Unterschiede und Gemeinsamkeiten der Strategien aufgezeigt werden. Im weiteren Verlauf der Arbeit werden die Strategien in Bezug auf drei Kriterien zur Strategiebewertung genauer untersucht. Diese Kriterien beziehen sich auf die Konsistenz, den Inhalt und die Umsetzbarkeit einer Strategie. Die abschließende Ableitung eines ganzheitlichen Strategieansatzes geschieht auf der Basis der errungenen Erkenntnisse.

Die vorliegende Arbeit besteht aus insgesamt sieben Kapiteln. Nach dem ersten, einleitenden Kapitel, beschäftigt sich das zweite mit den Grundlagen von Content Marketing. Dabei wird auf die Entstehung, die Bedeutung, die Ziele, die Herausforderungen und die Formate im Content Marketing eingegangen, bevor die Content-Marketing-Strategie betrachtet wird. Im anschließenden, dritten Kapitel werden die drei ausgewählten Content-Marketing-Strategien von Hilker, Schauer-Bieche und Grunert zusammengefasst vorgestellt. Das vierte Kapitel dient dazu, verschiedene Vorgehensweisen für den Strategievergleich aufzuzeigen. Nachfolgend werden die Strategien miteinander verglichen und in Bezug auf die Bewertungskriterien untersucht. Auf dieser Grundlage wird ein ganzheitlicher Ansatz für eine Content-Marketing-Strategie abgeleitet. Im sechsten Kapitel werden Handlungsempfehlungen für den Einsatz der abgeleiteten Strategie gegeben, bevor im siebten und letzten Kapitelein Fazit und ein Ausblick angebracht wird.

2 Content Marketing

Um im weiteren Verlauf dieser Arbeit auf die verschiedenen Content-Marketing-Strategien eingehen zu können, muss zunächst ein grundlegendes Verständnis für Content Marketingentwickelt werden. Dazu wird eine Abgrenzung des Begriffsvorgenommen und die Entstehung von Content Marketingbeschrieben. Im Nachgang wirdnäher auf die zunehmende Bedeutung von Content Marketing für die Unternehmenskommunikation eingegangen. Anschließend wird untersucht, welche Ziele verfolgt werden, welche Formate genutzt werden und vor welchen Herausforderungen Unternehmenbeim Einsatz von Content Marketing stehen. Zum Abschluss dieses Kapitels wird die Content-Marketing-Strategie beleuchtet.

2.1 Abgrenzung und Entstehung

Der Begriff „Content" hat sich in den letzten Jahren im deutschen Sprachgebrauch etabliert und beschreibt einen qualifizierten Inhalt, welcher insbesondere auf Websites zu finden ist.[5] Diese Inhalte sind bspw. Videos, Texte, Bilder oder Audiodateien.[6]

Während klassische Marketingansätze darauf ausgelegt sind, ein Produkt direkt zu bewerben, liegt im Content Marketing der Fokus darauf, markenrelevante Inhalte zu veröffentlichen. Dabei wird keine direkte Werbebotschaft gesendet, sondernein Mehrwert für die Konsumierenden geboten. Content Marketing zielt darauf ab, in einenDialog mit der Zielgruppe zu treten, indem dieseunterhalten, informiert oder zu einer Interaktion angeregt wird. Die Konsumierendengelangen aufSocial-Media-Kanälen, Blogs, Websites usw. zu denrelevanten Inhalten.[7]

Obwohl in den Fachmedien erst seit dem Jahr 2012 regelmäßig in diesemThemengebiet publiziert wird, ist Content Marketing kein Trendthemades 21. Jahrhunderts. Die Ursprüngebefinden sich im Jahr 1891.Der Nahrungsmittelhersteller Dr. Oetker nutzte die Rückseite seiner „Backin"-Backpulverpäckchen um Backanleitungen und Rezepte abzubilden. Dr. Oetker verstand frühzeitig, den Kunden*innen einen Mehrwert zu bieten, anstatt nur die

---

[5] Vgl. Duden (2021).

[6] Vgl. Schauer-Bieche (2019), S. 3.

[7] Vgl. Riekhof/Jacobi (2016), S. 5.

Vorteile des eigenen Produktes zu kommunizieren. Später kamen die ersten Kochbücher dazu, welchebisheute jährlich herausgegeben werden.[8]

Abbildung 1: Backrezept auf Backin-Päckchen von Dr. Oetker[9]

International gehört das Unternehmen John Deere zu den Pionieren im Content Marketing. Im Jahr 1895 veröffentlichte der US-amerikanische Landmaschinenhersteller die erste Ausgabe der Zeitschrift „The Furrow". Diese Zeitschrift informierte über die neuesten Trends und Technologien in der Landwirtschaft. Der Fokus lag dabei nicht auf den Produkten, sondern darauf, Vorschläge für effizientere Landwirtschaft zu geben und ehrlich zu beraten. [10]

Viele Unternehmen erkannten daraufhin das große Potential dieser Vorgehensweise und zogen nach. Insbesondere das Medium Zeitschrift wurde eingesetzt, um Kunden*innen einen Mehrwert zu bieten und diese nachhaltig an die eigene Marke zu binden.[11]

---

8   Vgl. Lewinski (2020), S. 4.
9   foodies Magazin (2021).
10   Vgl. Löffler (2014), S. 201 f.
11   Vgl. Lewinski (2020), S. 5.

120 Jahre später rückte das heutigeContent Marketing wiederin den Fokus der Marketingabteilungen der Unternehmen.Die Ursache dafür liegt im digitalen Wandel. Die digitale Welt bietet vieleChancen und Möglichkeiten, um Content Marketing gezielt einzusetzen.[12]Aber was ist Content Marketing überhaupt?

Für den weitreichenden Begriff existieren in der Fachliteratur viele verschiedene Definitionsansätze.Joe Pulizzi, Marketingexperte undGründer des Content Marketing Institutes, beschreibt Content Marketing als einen Prozess, bei welchem werthaltige und überzeugende Inhalte produziert und vertrieben werden. Pulizzi legt dabei den Fokus auf eine klar definierte Zielgruppe. Laut ihm sollte der Content auf die Zielgruppe abgestimmtund im Hinblick auf deren Interessen konzipiert sein.[13]

Nach Claudia Hilker dient Content Marketing dazu, markenbezogene, relevante Inhalte über das Internet zu platzieren. Diese Inhalte sind u. a. inspirierend, emotional, unterhaltend, informativ und teilbar. Das Hauptaugenmerk liegt dabei darauf, dass die Inhalte nicht werblich, sondern relevant sind. Content Marketing ist eine sogenannte Pull-Strategie. Dies bedeutet, dass nicht das Unternehmenzu den Kunden*innen kommt, sondern die Kunden*innen zum Unternehmen.[14]Konsumierende werden proaktiv und suchen gezielt nach Inhalten, welche veröffentlicht wurden.

Ein weiterer Definitionsansatz vom BVDW (Bundesverband Digitale Wirtschaft) besagt, dass Content Marketing ein umfangreicher Prozess ist. Dieser beinhaltet neben der Planung, auch die Erstellung und Distribution von Inhalten.Anschließend wird eineErfolgsmessung durchgeführt, um den Content nachhaltig optimieren zu können. Wie zuvor bei Pulizzi angeführt, werden auch hier die Inhalte auf eine zuvor definierte Zielgruppe angepasst. Nach dem BVDW, zielt Content Marketing darauf ab, die Konsumierenden zum Kauf zu animieren und somit eine einzahlende Aktion auszulösen.[15]

Aus den oben genannten Definitionsansätzen geht hervor, dass Content Marketing die Erstellung, Verbreitung und Auswertung von relevanten Inhalten umfasst. Diese Inhalte werden für eine definierte Zielgruppe erschaffen, mit dem Zieleine

---

[12]   Vgl. Grunert (2019), S. 2.

[13]   Vgl. Pulizzi (2014), S. 5.

[14]   Vgl. Hilker (2017), S. 4.

[15]   Vgl. BVDW (2017).

profitable Kundenbeziehung aufzubauen.[16]Content Marketing istkeine einzelne Aktion, sondern ein Prozess, welcher ganzheitlich und langfristig geplant werden muss. Die Grundlage dafür bildet die Content-Marketing-Strategie. [17]

2.2 Bedeutung

„A wealth of informationcreatespoverty of attention."[18] – Herbert Simon

Die Google-Suchanfragenfür den Begriff „Content Marketing" haben seit 2012 stetig zugenommen. Dies verdeutlicht das stark wachsende Interesse an der Thematik und beweist, dass Content Marketing mehr als ein kurzfristiger Trend ist.[19]

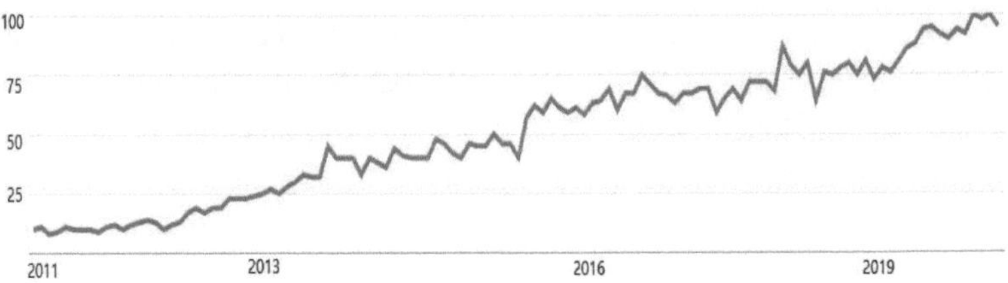

Abbildung 2: Entwicklung der weltweitenSuchanfragen für "Content Marketing" in Prozent[20]

Ein großer Treiber dieser Entwicklung ist die Informationsüberflutung in der digitalen Welt.Die Menge an Werbebotschaften steigt stetig an, was dazu führt, dass die Aufmerksamkeit der Konsumierenden für diese sinkt. Folglich entsteht ein Effekt der Werbeblindheit.

Seit dem Jahr 2000 ließ sich ein Anstieg der täglichen Werbemenge um einVierfaches vermerken. Jedoch erzielt diese nicht ihre gewünschte Wirkung, da sie von den Konsumierenden nicht wahrgenommen oderausgeblendet wird.[21]

---

[16] Vgl. Content Marketing Institute (2017).

[17] Vgl. Borst (2017), S. 396.

[18] Excellent Journey (2015).

[19] Vgl. Löffler (2014), S. 207.

[20] Google Trends (2021).

[21] Vgl. Koch (2018).

Bei klassischer Werbung über bezahlte Medien ist die Intention des Werbetreibenden schnell erkennbar. Ziel ist der Verkauf eines Produktes oder einer Dienstleistung.Dies führt auf Seiten der Konsumierenden vorläufig zu einem abneigenden Verhalten und sinkenden Interesse.[22]Der gewünschte Effekt der Werbung bleibt aus und diese wird darüber hinaus als störend wahrgenommen. Die steigende Nutzung von Werbeblockern ist daher nachvollziehbar.[23]

Ein Wandel im Marketing warnötig, um auf die Änderung im Konsumverhalten zu reagieren. Heutzutage entscheiden die Konsumierenden selbst, wann und wo sie welche Inhalte sehen möchten. Dieser Wandel zur Pull-Kommunikation ist der wesentliche Auslöser für die steigende Bedeutung von Content Marketing.[24]

Menscheninteressieren sich für Inhalte, welche sich nicht wie ein Produktkatalog lesen lassen. An dieser Stelle setzt die Philosophie des Content Marketings an. Relevante Inhalteohne werblichen Charakter eignen sich gut, um die Aufmerksamkeit der Konsumierenden zurückzugewinnen.[25] Dabei steht nicht, wie beim traditionellen Marketing, das Verkaufen von Dienstleistungen und Produkten im Vordergrund.[26]

Die Werbewirkung klassischer Werbeansätze nimmt weiter ab, weshalb es für Unternehmen essentiell ist, sich mit der Erstellung von mehrwertigen Inhalten auseinanderzusetzten. Wer dies nicht macht, geht das Risiko ein, Kunden*innen an die Konkurrenz zu verlieren und den Anschluss im Wettbewerb zu verpassen.[27]

Der Wandel wird von Unternehmen zunehmend erkannt, weshalb klassisches Marketing seltener eingesetzt wird. Diese Erkenntnis macht sich in den steigenden Investitionen im Content Marketing bemerkbar. Seit dem Jahr 2010 investieren die Unternehmen weltweitjährlich knapp 8% mehr Geldin Content Marketing.[28]

Content Marketing ist kein kurzfristiger Marketing-Trend undnimmt im digitalen Zeitalter einen hohen Stellenwert ein. Daran wird sich auch in den nächsten Jahren nichts ändern, da Content Marketing eine neue Art der Werbekommunikation geschaffen hat. Die Aufmerksamkeit derZielgruppe wird gewonnen, indem dieser

---

[22] Vgl. Riekhof/Jacobi (2016), S. 5.
[23] Vgl. Statista (2018).
[24] Vgl. Lewinski (2020), S. 8.
[25] Vgl. Burkhardt/Siefke (2013), S. 134.
[26] Vgl. Riekhof/Jacobi (2016), S. 5.
[27] Vgl. Lewinski (2020), S. 8 ff.
[28] Vgl. contentmanager Magazin (2018).

ein Mehrwert geboten wird. Dadurch besteht die Möglichkeit, die Zielgruppe langfristig an die eigene Marke zu binden.[29]

2.3 Ziele

In einem wirtschaftlich agierenden Unternehmen sind Wachstum und Umsatzsteigerung die wesentlichen, übergeordneten Ziele. Dasselbe gilt grundsätzlich für den Einsatz von Content Marketing, was jedoch nicht bedeutet, dass dieses ausschließlich dazu eingesetzt wird, um Konsumierende schnell zum Kauf zu bewegen oder ihre Daten zu erschließen.[30] Vielmehr eignet sich Content Marketing neben der Erreichung der eigenen Unternehmensziele auch dazu, die Bedürfnisse der Zielgruppen zu befriedigen. Von der Bereitstellung von hochwertigen Inhalten profitieren beide Seiten.[31]

Die Ziele beim Einsatz von Content Marketing lauten:

- Steigerung der Markenbekanntheit
- Neukundengewinnung und Lead-Generierung
- Kundenbindung[32]
- Vertrauensaufbau
- Imageverbesserung[33]

Die gesetzten Content-Marketing-Ziele sind langfristig ausgelegt. Diese haben einen indirekten Einfluss auf Unternehmensziele wie Wachstum und Umsatz. Das bedeutet, dass Content Marketing bspw. zu einer stärkerenBindung der Kunden*innen an das eigene Unternehmenführt, wodurch ihr Kaufverhalten positiv beeinflusstwird.[34] Im Mittelpunkt steht die Kontaktaufnahme mit den Kunden*innen, um diese mit der eigenen Marke vertraut zu machen.[35]

Content Marketing ist ein andauernder Prozess, welcher sich in Bezug auf die übergeordneten Unternehmensziele, Wachstum und Umsatzsteigerung, nicht kurzfristig bemerkbar macht. Unternehmen, die jedoch in der Lage sind, konstant

---

[29] Vgl. Borst (2017), S. 397.

[30] Vgl. Eck/Eichmeier (2014), S. 47.

[31] Vgl. Burkhardt/Siefke (2013), S. 137.

[32] Statista (2019).

[33] Vgl. Borst (2017), S. 398.

[34] Vgl. Burkhardt/Siefke (2013), S. 137.

[35] Vgl. Borst (2017), S. 398.

guten Content für ihre Zielgruppe hervorzubringen, werden langfristig von den Ergebnissen profitieren.[36]

2.4 Herausforderungen

Obwohl Content Marketing mittlerweile ein etabliertes Instrument im Marketing-Mix vieler Unternehmen ist, müssen diese dauerhaft mit den Herausforderungen umgehen. Wie bereits erwähnt, ist Content Marketing ein andauernder Prozess. Die Veröffentlichung eines einzelnen guten Beitrages gewährleistet keinen langfristigen Erfolg.

Neben der Anzahl des produzierten Contents, bereitet auch die Suchenach passenden Inhalte Schwierigkeiten. Nur Inhalte, welche für die eigene Zielgruppe relevant sind werden auch aufgerufen. Die Content-Produktion ist von großer Bedeutung, weshalbdie Interessen der Zielgruppe herausgefunden werden müssen.[37]

Abbildung 3: Herausforderungen im Content Marketing in Prozent[38]

---

[36] Vgl. Burkhardt/Siefke (2013). 47.

[37] Vgl. Riekhof/Jacobi (2016), S. 8.

[38] Borst (2017), S. 404.

Insbesondere in kleinen Unternehmen besteht das Problem, dass nicht ausreichend qualifiziertes Personal für die Durchführung von Content Marketing zur Verfügung steht. Obwohl die Erstellung von Content ein aufwendiger Prozess ist, stehen in kleinen Unternehmen oftmals nur einzelne Personen dafür zur Verfügung. Folglich werden zu wenig Inhalte produziert, um die gesetzten Ziele zu erreichen.[39]

Eine weitere Herausforderung ist das Content-Controlling. Dieses ist essentiell, um den Erfolg der eingesetzten Content-Marketing-Maßnahmen zu messen. Ohne die Kontrolle können mögliche Verbesserungspotentiale nur schwer erkannt werden. Obwohl durch die Digitalisierung Tendenzen schneller messbar sind als noch vor ein paar Jahren, stellt die Messung für viele Unternehmen ein signifikantes Problem dar. Grund dafür ist das mangelnde Wissen über die Verwendung von Key-Performance-Indicators (KPI).[40]

KPI sind verständliche Leistungsindikatoren, welche zur Messung der Zielerreichung eingesetzt werden.[41] Dabei werden verschiedene Kennzahlen wie Seitenaufrufe, die Verweildauer, die Entwicklung von Follower-Zahlen u. v. m. betrachtet.[42]Dem Einsatz von Leistungsindikatoren liegt eine intensive Planung voraus. Sie müssen gewissenhaft festgelegt werden undsind je nach Content-Art verschieden. Eine regelmäßige Auswertung der KPI ist entscheidend, um herauszufinden, ob der Content die Zielgruppe erreicht und wie er auf diese wirkt.[43]

Um sich den Herausforderungen zu stellen, muss ausreichend qualifiziertes Personal zurVerfügung stehen. Content Marketing ist ein umfangreicher Prozess, welcher viel Engagement und Geduld erfordert, um die angestrebten Ziele zu erreichen. Dabei ist nicht nur die Produktion und Verbreitung von relevanten Inhalten wichtig, sondern auch der richtige Umgang mit den erfassten Daten aus dem Content-Controlling.

---

[39] Vgl. Erlmeier (2017).

[40] Vgl. Borst (2017), S. 404.

[41] Vgl. Fleig (2015).

[42] Vgl. Hilker (2017), S. 40.

[43] Vgl. Hagen/Münzer (2019), S. 127.

2.5 Content-Formate

2.5.1 Einordnung

Content Marketing wird eingesetzt, um relevante Inhalte an eine definierte Zielgruppe zu übermitteln. Diese Inhalte sollen unterhaltend, informierend, inspirierend oder überzeugend sein.[44] Die Formate der Inhalte und die dazugehörigen Kanäle werden im Folgenden erläutert.

Die digitale Welt bieteteine Vielzahl an Auswahlmöglichkeiten.Die Inhalte können in unterschiedlichen Formaten transportiert werden.[45] Von Interviews über Blogs bis hin zu Podcasts ist im Rahmen des Content-Marketings alles möglich. In der Abbildung 4 sind die jeweiligen Content-Arten im Hinblick auf ihre gezielte Wirkung bei den Konsumierenden eingeteilt.

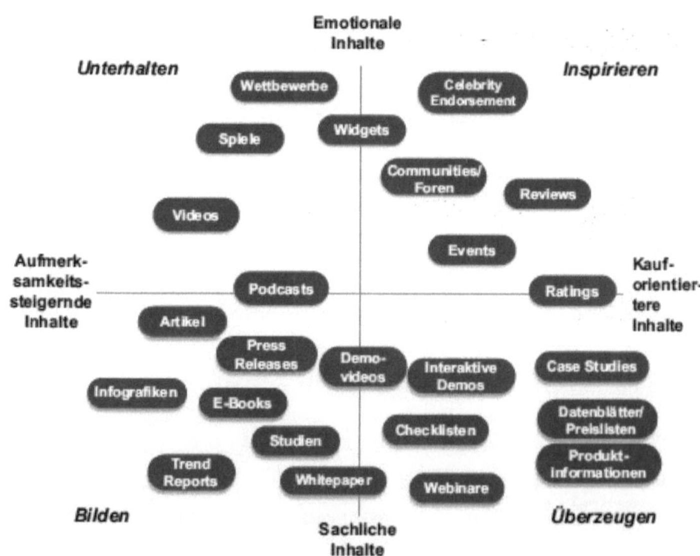

Abbildung 4: Einordnung der Content-Arten hinsichtlich ihrer Funktion[46]

---

[44] Vgl. Hilker (2017), S. 4.

[45] Vgl. Kruse Brandão/Wolfram (2018), S. 361.

[46] Hilker (2017), S. 46.

Eine Möglichkeit, um die verschiedenen Content-Arten zu strukturieren, ist die Einteilung hinsichtlich ihres Medientyps. Die vier Hauptformate lauten: Text, Bilder und Grafiken, Video und Audio.[47]

2.5.2 Textformate

Bei einer Websuche haben sich die Nutzer*innen bereits daran gewöhnt, dass die Informationen und Ergebnisse überwiegend in Textform angezeigt werden. Trotz einer steigenden Beliebtheit für Audio- und Videoformate bei den Konsumierenden, nehmen Textformate weiterhin eine bedeutende Rolle im Content Marketing ein.

Die Gründe dafür sind verschieden. Zum einen sind sie kostengünstig und lassen sich im Vergleich zu anderen Formaten schnell erstellen.[48] Zum anderenist eine effizientere Integrierung von Keywords in den Text möglich. Diese sind verantwortlich für eine vorteilhafte Platzierung in den Suchergebnissen und somit wichtig für die Reichweite eines Beitrages. Selbst wenn Textbeiträge in den sozialen Medien nur in geringem Maße geteilt werden, haben diese dennoch positive Auswirkungen auf andere Platzierungs-Kriterien, da bspw. die Verweildauer höher ist.[49]

Textformate im Content Marketing sind u. a. Blogartikel, Whitepapers/E-Books, Newsletter, Listen und Interviews.[50]Im Vordergrund stehen die Informationen, welche transportiert werden sollen. Auch die journalistische Sorgfalt ist ausschlaggebend für dieWirkung eines Beitrages und darf deshalb nicht unterschätzt werden.[51] Im folgendem Abschnitt werden die aufgezähltenTextformate kurz beschrieben.

Blogartikel

Die Einsatzmöglichkeiten von Blogartikeln sind vielseitig. Sie können eingesetzt werden, um zu unterhalten, zu informieren, oder um eine Diskussion zu eröffnen. Die Artikel sollten sich durch Neutralität, Ehrlichkeit und Werbefreiheit auszeichnen, um die Glaubwürdigkeit des Textes aufrechtzuerhalten.[52] Blogartikel

---

[47] Vgl. Schauer-Bieche (2019), S. 14 ff.

[48] Vgl. Kruse Brandão/Wolfram (2018), S. 361.

[49] Vgl. Löffler (2014), S. 243.

[50] Vgl. Schauer-Bieche (2019), S. 15 ff.

[51] Vgl. ebd., S. 15.

[52] Vgl. Kruse Brandão/Wolfram (2018), S. 362.

eigenen sich gut, um die eigene Expertise nachzuweisen. Allerdings ist die Betreuung eines eigenen Blogs zeitintensiv. Um Bekanntheit zu erreichen und Traffic zu generieren, müssen Beiträge regelmäßig veröffentlicht werden. Darüber hinaus muss die Ausarbeitung der Inhalteaus einer fundierten Recherche hervorgehen, um wertvolle Inhalte liefern zu können.[53]

Whitepapers / E-Books

Whitepapers und E-Booksbesitzen einen hohen Informationsgehalt, sindjedoch sehr aufwendig in der Erstellung. Die Veröffentlichenden profitieren im Gegenzug von einem Verkauf dieser, oder erhalten Kontaktdaten im Austausch dafür.[54] Whitepapers und E-Books beinhalten z. B. Ergebnisse aus Forschungen und Umfragen, wobei der Umfang von E-Books in der Regel größer ist.[55]

Newsletter

Newsletter sind E-Mails, welche über Neuigkeiten eines Unternehmens berichten und über deren Produkte informieren. Dafür werden zunächst die E-Mail-Adressen der Nutzer*innen benötigt.Die Unternehmen gestalten die Newsletter bewusst in kurzer Form, um den Lesenden einen übersichtlichen Einblick in verschiedene Themen zu geben. Dabei ist der jeweilige Artikel oder die Website direkt verlinkt.[56]

Damit Newsletter möglichst effektiv sind, sollten diese personalisiert verschickt werden, bspw. über eine namentliche Anrede der Empfangenden. Newsletter sind oftmals der einzige direkte Kontaktpunkt mit Usern, weshalb diese sich positiv auf die Kundenbindung auswirken können. Werden Newsletter jedoch zu häufig versendet, werden sie schnell als störend empfunden und abbestellt.[57]

Listen

Listen sind eine beliebte Darstellungsform, um relevante Informationen kompakt zu übermitteln. Konkrete Handlungsanweisungen und Fakten werden für den Lesenden kurz und übersichtlich zusammengetragen.[58] Zusätzliche Informationen

---

[53] Vgl. Lapp (2020).

[54] Vgl. Schauer-Bieche (2019), S. 16.

[55] Vgl. Kruse Brandão/Wolfram (2018), S. 362.

[56] Vgl. Schauer-Bieche (2019), S. 17.

[57] Vgl. Löffler (2014), S. 247.

[58] Vgl. ebd., S. 248 f.

sollten deshalb in separaten Artikeln verlinkt werden.[59] Dies bietet einen großen Mehrwert, da Lesende sich in kurzer Zeit viel Wissen aneignen können. Zu den Listen zählen bspw. Checklisten oder Produkttests. [60]

Interviews

Die Befragung von Experten*innen zu einem bestimmten Sachverhalt, eignet sich besonders gut, um den Lesenden fundiert und nachhaltig zu informieren. Die Wahl des zu Interviewenden ist dabei von großer Bedeutung. Diese*r sollte die notwendige Expertise für das jeweilige Interviewthema mitbringen und interessant und aufschlussreich informieren.[61]

2.5.3 Bild- und Grafikformate

In den sozialen Netzwerken sind Bilder das dominierende Format. Die Bereitschaft der User zum Teilen von Inhalten ist bei Bildern signifikant größer, als bei Texten.[62] Grund dafür ist das höhere Aktivierungspotenzial beim Betrachtenden. Bilder haben eine höhere Aufnahmewirkung, weshalb das Gehirn bildliche Reize schneller wahrnehmen kann als sprachliche.[63]

Darüber hinaus ermöglichen Bilder und grafische Darstellungen komplexe Sachverhalte zu veranschaulichen oder untererhaltende Geschichten zu erzählen. Dafür stehen eine Vielzahl an Möglichkeiten zur Verfügung, wie z. B. Bilder und Fotocollagen oder Infografiken.[64]

Bilder und Fotocollagen

Bilder werden in den sozialen Medien am häufigsten geteilt, weshalb sie sich besonders gut dazu eigenen, Reichweite aufzubauen. Die Einsatzmöglichkeiten sind vielfältig. Über humoristische Produktfotos, Fotocollagen aus dem eigenem Unternehmensalltag, bis hin zu Foto-Wettbewerben ist alles möglich. Im Fokus steht dabei, die Konsumierenden emotional anzusprechen und diese zu einer

---

[59] Vgl. Schauer-Bieche (2019), S. 17.
[60] Vgl. Löffler (2014), S. 248 f.
[61] Vgl. Schauer-Bieche (2019), S. 16.
[62] Vgl. Kruse Brandão/Wolfram (2018), S. 363.
[63] Vgl. Meffert et al. (2012), S. 746.
[64] Vgl. Kruse Brandão/Wolfram (2018), S. 364.

positiven Reaktion zu animieren, indem sie bspw. die Beiträge in den sozialen Medien liken, kommentieren oder teilen.[65]

Infografiken

Mit Hilfe von Infografiken können große Datensätze und komplexe Themen visualisiert werden, wodurch diese von den Betrachtenden verständlicher erfasst werden können.[66] Diagramme und Datensätze werden häufig voneiner optisch ansprechenden Story begleitet. Ziel ist, den Nutzern auf eine anschauliche Art und Weise Wissen zu vermitteln und sie zum Teilen anzuregen.[67]

2.5.4 Videoformate

Videoformate zählen im Content Marketing zu den beliebtesten Formaten, da zwei Sinne gleichzeitig angesprochen werden können. Durch die Verbindung der visuellen und auditiven Aspekte besteht die Möglichkeit, Menschenauf verschiedenen Ebenen der Wahrnehmung zuerreichen.[68] Dies führt dazu, dass Inhalte lebendiger dargestellt werden können, wodurch sielänger im Gedächtnis der Konsumierenden verankert bleiben.[69]

Die Hauptgründe, weshalb Videos geschaut werden, sind auf den Unterhaltungsfaktor und die Erklärfunktion zurückzuführen, wobei der Unterhaltungsfaktor im Vordergrund steht. Videos müssen dieKonsumierenden emotional bewegen und ihnen einen klaren Mehrwert liefern.[70] Der Anspruch der Konsumierenden ist hoch, weshalb die Videoqualität und der Inhalt überzeugen müssen, um sich von der Konkurrenz abheben zu können. Dafür steht eine Vielzahl an Videoarten zur Verfügung, wie z. B.Erklärvideos, Webinare oder User-Generated Videos.[71]

Erklärvideos

Erklärvideos sind kurze Videos, in denen die Funktionsweise eines Produkts oder einer Dienstleistung erklärt wird. Diese ein- bis zweiminütigen Videos dienen als schnelle Einführung in eine Thematik, wodurch die Konsumierenden viel Zeit bei

---

65 Vgl. Löffler (2014), S. 257 ff.
66 Vgl. Kruse Brandão/Wolfram (2018), S. 364.
67 Vgl. Löffler (2014), S. 261 f.
68 Vgl. Gerloff (2015), S. 21.
69 Vgl. ebd., S. 23.
70 Vgl. Kruse Brandão/Wolfram (2018), S. 366.
71 Vgl. ebd., S. 364.

der Inbetriebnahmenach einem Kauf sparen können.Erklärvideos sind dabei für potenzielle Kunden*innen nützlich, da sie erste Informationen über ein Produkt oder eine Dienstleistung liefern. Somit kann sich die Zielgruppe einen Eindruck darüber verschaffen.[72]

Webinare

Webinare sind Seminare, welche online gehalten werden. Im Mittelpunkt steht dabei die Wissensvermittlung an die Teilnehmenden. Die Auswahl an Videokonferenzsystemen ist groß undvielesind auch für Unternehmen mit einem kleineren Budget nutzbar. Webinare werden primär für die Neukundengewinnung und Kundenbindung veranstaltet. Wichtig ist, dass Online-Seminar inhaltlich einhalten, was im Vorfeld angekündigt wurde, um die Teilnehmenden nicht zu enttäuschen. Ein großer Vorteil von Webinaren ist, dass diese online stattfinden. Das bedeutet, dass sie ortsunabhängig gehalten werden können, wodurch auch die Anzahl an potentiellen Teilnehmenden steigt.[73]

User-Generated Videos

User-Generated Videos werden von unternehmensexternenPersonenerstellt und verbreitet. Unternehmen können dies steuern, in dem sie bspw. in den sozialen Netzwerken zu einemWettbewerb, oder einem Gewinnspiel aufrufen. Die Videos werden anschließend auf den Social-Media-Kanälen der Unternehmen hochgeladen.[74]

Im Vergleich zu selbsterstellten, bringen User-Generated Videosmehrere Vorteile mit sich. Die Glaubwürdigkeit bei Aussagen von anderen Usern istdoppelt so groß, wie bei Inhalten, welche von der Marke erstellt werden. Andere Verbraucher*innen werden als ehrlicher eingestuft, weshalb ihre Meinung für viele Nutzende kaufentscheidend ist.User befürchten, dass z. B. ein Produkt in der Realität nicht so ist, wie es dargestellt wird. Die Videos anderer Verbraucher*innen können dazu führen, diese zu überzeugen und nehmen ihnen die Angst.

---

[72] Vgl. Schauer-Bieche (2019), S. 22.

[73] Vgl. Löffler (2014), S. 256.

[74] Vgl. Rosensteel (2013).

Die Erstellung von User-Generated Videoshat außerdem einen positiven Effekt auf die Markenbindung, indem sichdie User einer Community zugehörig fühlen. Ein weiterer Vorteil besteht darin, dass diese Art der Werbung kostenfrei für den Werbetreibenden ist.[75]

Ein Beispiel für den erfolgreichen Einsatz von User-Generated Videos liefert GoPro. Der US-amerikanische Hersteller von Action-Kameras ist seit einigen Jahren Veranstalter der gleichnamigen GoPro Awards. In Form eines Wettbewerbes, werdendie Nutzer*innen dazu aufgefordert, zu verschiedenen Themenwettbewerben eigens erstellte Videos einzusenden. Für die Teilnahme müssen die Videos mit einer GoPro Kamera aufgenommen werden. Auf dem GoPro YouTube-Kanalwerden schließlich die Videos der Gewinner*innen hochgeladen.[76]

Abbildung 5: Informationsseite der GoPro Awards[77]

---

75 Vgl. Milz (2019).

76 Vgl. GoPro (2021).

77 Ebd.

2.5.5 Audioformate

Neben Textformaten eignen sich auch Audioformate gut, um eine Thematik umfangreich darzustellen. Audioformate, wie bspw. Podcasts, sind besonders vorteilhaft, da diese sich zum einen einer großen Beliebtheit erfreuen und zum anderen einfach in der Erstellung und vielseitig einsetzbar sind.[78]

Podcasts sind Audiobeiträge, welche Interessiertenzur Verfügung gestellt werden. Sie sind zu vergleichen mit Radiosendungen, welche unabhängig von einer Sendezeit gehört werden können.[79] Podcasts werden üblicherweise auf der Unternehmenswebsite oder bei Streamingdiensten wie bspw. Spotify hochgeladen. Inhaltlich ähneln sie sich den Blogbeiträgen, welche unterhaltend oder informierend sein sollen. [80]

Nachdem die Begeisterung für Podcasts nach ihrer Einführung vor knapp 15 Jahren schnell abflachte, ist das Interesse für diese in den letzten Jahren wiederangestiegen. Ein Grund dafür ist, dass Podcasts unkompliziert und jederzeit zugänglich konsumiert werden können. Sie können z. B. während der Arbeit, auf der Zugfahrt oder beim Joggen gehört werden. Die Aufmerksamkeit der Hörenden ist dabei sehr hoch, da diese sich aktiv dafür entscheiden.[81]

Ein erfolgreicher Podcast zeichnet sich durch interessante Themen aus. Auch die Stimme und Aussprache der Redenden, sowie die Tonqualität sind mitentscheidend, ob ein Podcast gehört wird oder nicht. Um die Hörenden dauerhaft an den Podcast zu binden, sollten die Herausgebenden in regelmäßigen Abständen neue Folgen veröffentlichen.[82]

2.6 Content-Marketing-Strategie

Bevor mit der operativen Erstellung von Inhalten begonnen wird, muss die Strategieentwicklung abgeschlossen werden. Eine gut konzipierte Strategie legt den Grundstein fürerfolgreiches Content Marketing.Eine Content-Marketing-Strategie zeichnet sich durch einen langfristigen Planungsprozess aus, welcher die Konzeption, Erstellung, Distribution und Auswertung von Contentbeinhaltet.[83]

---

[78] Vgl. Kruse Brandão/Wolfram (2018), S. 363.
[79] Vgl. Löffler (2014), S. 249.
[80] Vgl. Schauer-Bieche (2019), S. 27.
[81] Vgl. Kruse Brandão/Wolfram (2018), S. 363.
[82] Vgl. Löffler (2014), S. 249.
[83] Vgl. Kopp (2018).

Obwohl der Mehrheit der Unternehmen die Notwendigkeit einer strategischen Grundlage bewusst ist, findet eine Umsetzung in der Praxis selten statt. Nur jedes dritte Unternehmen besitzt eine schriftlich dokumentierte Content-Marketing-Strategie.[84]

Die Gründe dafür liegen im hohen Aufwand, welcher damit verbunden ist. Die Strategieentwicklung benötigt viel Zeit, geeignetes Personal und Sorgfalt. Viele Unternehmen schrecken deshalb zurück, oder erachten diesen Schrittals nicht lohnenswert. Die Strategieentwicklung ist ein aufwendigerProzess, welcher stetig überprüft und angepasst werden muss. Falls die Content-Marketing-Strategie jedoch erfolgreich in den Geschäftsprozess integriert wurde, lässt der Aufwandmit der Zeit nach.[85]

Wer sich der Herausforderung wird dafür belohnt, indem ein Vorteil gegenüber der Konkurrenzgeschaffen wird. Mit Hilfe einerindividuellen Content-Marketing-Strategie können die Ziele im Content Marketing effizient und nachhaltig erreicht werden.[86] Sie gibt Auskunft darüber, warum welcher Content veröffentlicht wird und zeigt, auf, welche Lücken zwischen aktuell veröffentlichten und benötigten Inhalten existieren. Ein weiterer Vorteil ist die einheitliche und konstante Planung des Contents, sowohl inhaltlich als auchorganisatorisch. Dies hat positive Auswirkungen auf die Reichweite und die Wahrnehmung der Inhalte.[87]

Ohne eine feste Strategie droht Unternehmen der Kontrollverlust über die verschiedenen Maßnahmen und ihre jeweiligen Wirkungen. Die Gefahr besteht, eigene Ressourcen falsch einzusetzen und die Zielgruppe nicht zu erreichen. Darüber hinaus ist die Erfolgsmessung bei Unternehmen ohne einer Content-Marketing-Strategie kaum durchführbar, wodurch nur erahnt werden kann, ob die gesetzten Ziele erreicht wurden.[88]

Eine umfangreicheContent-Marketing-Strategie ist insbesondere für Unternehmen wichtig, in denen viele Mitarbeiter*innen in den Content-Marketing-Prozess involviert sind. Auch die Anzahl der genutzten Medienformate und festgelegten Zielgruppen sind mitentscheidend für den Umfang der Strategie.[89] Für große,

---

84 Vgl. Borst (2017), S. 397.

85 Vgl. Hilker (2017), S. 74.

86 Vgl. ebd., S. 75.

87 Vgl. ebd., S. 107.

88 Vgl. Baric-Gaspar (2020).

89 Vgl. Hilker (2017), S. 75.

international agierende Firmen ist es oftmals notwendig, mehrere Strategien zu entwickeln, um die verschiedenen Zielgruppen effektiv ansprechen zu können.

Eine allgemeingültige Content-Marketing-Strategie, welche für jedes beliebige Unternehmen funktioniert, existiert allerdings nicht. Die jeweilige Strategie muss ein Unternehmen individuell erarbeiten, da die gesetzten Ziele, Rahmenbedingungen undZielgruppen verschieden sind.[90]

In der Literatur sind viele verschiedene Ansätze für die Erstellung einer eigenenContent-Marketing-Strategie vorzufinden. Diese unterscheiden sich sowohl im Inhalt als auch im Umfang. Die Wahl der richtigen Vorgehensweise stellt sich deshalb bereits als ersteHerausforderung dar, weil das Angebot sehr groß und unübersichtlich ist.

---

[90] Vgl. Löffler (2014), S. 64.

3. Vorstellung ausgewählterContent-Marketing-Strategien

Im folgenden Kapitel werden drei ausgewählte Content-Marketing-Strategien vorgestellt. Dabei handelt es sich um die am meisten in der deutsch-sprachigen Literaturzitierten Strategien, welche umfangreich beschrieben werden.

3.1 Strategie nach Hilker

Die erste Content-Marketing-Strategie, welche im Rahmen dieser Arbeit vorgestellt wird, ist die Strategie von Claudia Hilker. Die Marketing-Professorin forscht seit Jahren im Bereich des Online-Marketings, wodurch sie sich zu einer einflussreichen Größe in diesem Bereich etabliert hat. In ihrem Buch „Content Marketing in der Praxis" stellt Hilker ihre eigene Content-Marketing-Strategie vor, welche auch in ihrer Unternehmensberatung „Hilker Consulting" genutzt wird.[91]

Die Strategie besteht insgesamt aus sieben Schritten und beginnt mit der Bestimmung der *Customer Buyer Persona*. Diese wird erstellt, um die Zielgruppe zu definieren. Die Customer Buyer Persona ist die Erstellung einer detaillierten Beschreibung einer einzelnen Person aus der Zielgruppe.Dabei werdenbspw. demografische Daten, wie Alter, Wohnort und Berufbeschrieben, sowie Merkmale, Ziele, Interessen und Hobbys aufgeführt. Je nach Branche sind die Aspekte der Persona-Beschreibung unterschiedlich und falls verschiedene Zielgruppen vorliegen, müssen mehrere Personas erstellt werden.[92]

Da im Content Marketing relevante, zielgruppenspezifische Inhalte gefragt sind, ist es sehr wichtig, über die eigene Zielgruppe und ihre Interessen Bescheid zu wissen. Hilker bringt verschiedene Vorgehensweisen an, um diese Informationen zuerlangen.[93]

Mit Hilfe einer Website-Analyse kannzum einen herausgefunden werden, welche Keywords gesucht werden und wer die Besucher*innen sind. Zum anderen eignet sich eine Untersuchung der eigenen Social-Media-Kanäle, um mehr über die Follower zu erfahren und welche Themen in den Kommentaren diskutiert werden.

---

[91] Vgl. Hilker (2020).
[92] Vgl. Hilker (2017), S. 89.
[93] Vgl. Hilker (2020), S. 89 f.

Eine weitere Vorgehensweise ist die Erstellung der Persona im Team. Personal, dass im Kundenkontakt steht, kann wertvolles Wissen mit einbringen. Der letzte Vorschlag, den Hilker anbringt, ist eine Zielgruppenbefragung. Auf dieseArt und Weise können gezielt Fragen gestellt werden, welche für die Erstellung der Persona relevant sind.[94]

Abbildung 6: Beispiel für eine Customer Buyer Persona[95]

Der zweite Schritt in der Content-Marketing-Strategie von Hilker geht mit dem ersten Schritt einher. Der Fokus liegt hierauf *dem Bedarf, den Problemen und den Fragender Zielgruppe*. Dabei wird herausgefunden, welche Angebote, Bedürfnisse und Lösungen bei den Kunden*innen gefragt sind. Dafür müssen zunächst die Interessen und Probleme der Zielgruppen ermittelt werden, um ihre Bedürfnisse mit dem passenden Content zu befriedigen.[96]

Im dritten Punkt werden *Ziele, Themen und Nutzen* innerhalb des Unternehmens festgelegt. Das Unternehmen setzt sich Ziele, welche mit dem Einsatz von Content Marketing erreicht werden sollen. Diese lassen sich von den strategischen Unternehmenszielen ableiten, welche bspw. die Kundengewinnung und -bindung beinhalten können. Bei Neukunden*innen steht der Kontaktaufbau und die

---

[94] Vgl. Hilker (2017), S. 90.

[95] Ebd., S. 89.

[96] Vgl. ebd., S. 92.

Steigerung der Kaufbereitschaft im Vordergrund. Bei Bestandskunden*innensoll der Kontakt gepflegt werden, positive Erlebnisse geschaffen werden und die Loyalität gesteigert werden.[97]

Nachdem die Ziele festgelegt wurden, wird entschieden, welche Themeninhalte verbreitet werden sollen. Diese Themen sollen zu einer hochwertigen Markenpositionierung führen und gleichzeitig die Bedürfnisse der Konsumierenden befriedigen. Anschließend wirdgeklärt, welchen Nutzen die eigenen Leistungsangebote für die Kunden*innenhaben und welche Verkaufsargumente am überzeugendsten sind.[98]

Der vierte Strategieschritt beinhaltet *die Story, die Formate und den Medienplan*. Hier wird entschieden, welche Key Story vermittelt werden soll. Dies ist eine durchgängige Leitidee, welche sich im gesamten Content Marketing manifestiert, um eine feste Positionierung, oder ein Image zu bewahren.[99]

In diesem Schritt wird die Tonalität der Inhalte bestimmt, sowie die Botschaft formuliert, welche mit dem veröffentlichten Content übermittelt werden soll. Darüber hinaus soll untersucht werden, welche Maßnahmen und Voraussetzungen notwendig sind, um bspw. einen Blog, eine Landingpage oder einen Social Media Account zu führen. Anschließend wird festgelegt, auf welche Art der Content beworben werden soll. Dies kann z. B. über Influencer Marketing geschehen.[100]

Hilker integriert in dievierte Phasedie Festlegung eines Medienplans. Dieserwird in die vier MedienbereichePaid Media, Owned Media, Earned Media und Social Mediaeingeteilt. Owned Media beschreibt die Veröffentlichung von Content auf den eigenen Plattformen, wie z. B. Website oder Blog. Paid Media beinhaltet die kostenpflichtige Platzierung von Inhalten auf anderen Plattformenbspw. Bannerwerbung auf anderen Websites. Falls Content kostenfrei auf anderen Plattformen platziert oder beworben wird, z. B. durch Verlinkungen, wirdvon Earned Media gesprochen. Social Media umfasst Inhalte, welche in den sozialen Medien von den Usern erstellt werden. Diese können u. a. Story-Erwähnungen oder Profilmarkierungen auf Bildern oder Videos sein.[101]

---

[97] Vgl. ebd., S. 88.

[98] Vgl. Hilker (2017), S. 92.

[99] Vgl. ebd., S. 88.

[100] Vgl. ebd., S. 92.

[101] Vgl. ebd., S. 108.

In der fünften Phase ihrer Content-Marketing-Strategie werden die *Publikationen, dieAktionenund der Zeitplan* festgelegt. Darin wird entschieden, welche Content-Arten publiziert werden und welche Formate dafür gewählt werden. Zudem können verschiedene Aktionen, wie Kampagnen oder Webinare, geplant werden. Mit Hilfe eines Zeitplansbesteht die Möglichkeit, einen strukturierten Ablauf fürdie Content-Erstellung aufzustellen. Dieser beinhaltet zusätzlich einen Budgetplan, um einen finanziellen Überblick zu erhalten.[102]

Der vorletzte Schritt beschäftigt sich mit den*Content-Marketing-Kosten*. Hier werden in einem Kostenplan alle Kosten ermittelt, welche für die Produktion, die Prozesse und die eingesetzten Tools anfallen. Dadurch kann das Budget für das Content Marketing bestimmt werden.

Um die Kosten zu ermitteln, muss zunächstfestgelegt werden, wie die Content-Produktion erfolgt. Die Inhalte können sowohl intern als auch extern produziert werden. Die externe Variante ist in der Regel kostenintensiver. Entscheidet sich ein Unternehmen für eine interne Content-Produktion, muss eine klare Arbeitsverteilung vorgenommen werden. Die Verantwortlichenmüssen von der Content-Produktion bis hin zur -Auswertung festgelegt werden, um eine strukturierte Aufgabenverteilung zu gewährleisten. Neben den Personalkosten werden auch die Kosten für die Content-Vermarktung und die Kosten für die eingesetzten Programme und Tools, innerhalb der Content-Produktion und -Auswertung, kalkuliert.[103]

Dersiebte Schritt beinhaltet das *Content-Marketing-Controlling*. An dieser Stelle werden die Kennzahlen bestimmt, welche für die Erfolgsmessung benötigt werden. Hilker nutzt dazu die Balanced Scorecard.Diese stellteine Zusammenstellung von strategischen Unternehmenszielen dar, welche mit messbaren Kennzahlen verknüpft sind.[104]Hierbei wird in die Finanz-, die Kunden-, die interne Prozess-, und die Lern- und Wachstumsperspektive unterschieden.

Die finanzielle Perspektive gibt Auskunft darüber, ob die Implementierung der Content-Marketing-Strategie zu einer Verbesserung der Unternehmensziele geführt hat. Kennzahlen sind z. B. die Umsatzsteigerung oder der Website-Traffic. Die verschiedenen Kennzahlen der anderen Perspektiven stehen grundsätzlich in einer Ursache-/Wirkungsbeziehung mit den finanziellen Kennzahlen. Im Rahmen

---

[102] Vgl. Hilker (2020), S. 92 ff.

[103] Vgl. Hilker (2017), S. 92.

[104] Vgl. Fleig (2019).

der Kundenperspektive wird die Customer Buyer Persona untersucht. Hier wird bspw. der Community-Zuwachs betrachtet. Die interne Prozessperspektive dient dazu, Prozesse abzubilden, welche die Kundenperspektive und die finanzielle Perspektive in der Zielerreichung unterstützen. Hilker setzt auf eine Darstellung der gesamten Wertschöpfungskette, inklusive Rollenverteilung. Mögliche Kennzahlen werden allerdings nicht angebracht. In der Lern- und Wachstumsperspektive werden Kennzahlen mit Bezug auf die Infrastruktur im Unternehmen betrachtet. Dazu gehören die Motivation und Zielausrichtung im Team, die Leistungsfähigkeit des Informationssystems und die Mitarbeiterqualifizierung.[105]

3.2 Strategie nach Schauer-Bieche

Die zweite Content-Marketing-Strategie ist von Florian Schauer-Bieche. Der Journalistund Kommunikationsberater legt in seinem Buch „Der Content-Coach" den Fokus auf die Inhalte und Strategien im Content Marketing. Die Content-Marketing-Strategie, welche er in seinem Werk vorstellt, dient als Anleitung für Unternehmen, welcheContent Marketing in ihre Unternehmenskommunikation integrieren wollen.[106]

Seine Strategie besteht aus insgesamt acht Schritten und beginnt damit, die *Ziele zu definieren*, welche mit dem Einsatz von Content Marketing erreicht werden sollen. Eine falsche Zieldefinition ist oftmals der Grund, weshalb Projekte scheitern. Die Ziele im Content Marketing müssen daher sorgfältig festgelegt werden. Im Rahmen der Zielentwicklungsollte der Fokus nicht nur aufbetriebswirtschaftlichen Größen liegen, sondern auch darauf, was die Konsumiereden von den Inhalten erwarten.[107]

Schauer-Bieche empfiehlt dafür die SMART-Methode:

S – Spezifisch

- Was soll genau erreicht werden und wie lauten die Eigenschaften des Ziels?

M – Messbar

- Wie und womit soll die Zielerreichung gemessen werden?

---

[105] Vgl. Hilker (2017), S. 204 f.
[106] Vgl. Springer Gabler (2021).
[107] Vgl. Schauer-Bieche (2019), S. 102 f.

A – Akzeptiert

- Ist das gesetzte Ziel für die Zielgruppe motivierend und attraktiv?

R – Realistisch

- Ist das Ziel realistisch und mit den vorhandenen Ressourcen umsetzbar?

T- Terminiert

- Bis zu welchem festgelegten Zeitpunkt soll die Zielerreichung stattfinden?[108]

Im zweiten Schritt seiner Content-Marketing-Strategie findet die *Zielgruppendefinition*statt. Dabei unterschiedet Schauer-Bieche vorab in Businesskunden*innen (B2B-Kunden*innen) und Privatkunden*innen (B2C-Kunden*innen).[109]

Bei B2C-Kunden*innenexistieren vier verschiedene Merkmale für die Zielgruppeneinteilung. Zunächst werden demografische Merkmale, wie bspw. Alter, Geschlecht oder Wohnort und sozioökonomische Aspekte wie Einkommen, Beruf und Bildung untersucht. Zusätzlich werden psychografische Merkmale wie z. B. Wünsche, Motivationen und Lebensstil analysiert. Auch die Unterscheidung nach dem Kaufverhalten spielt eine Rolle. Hier stehen die Mediennutzung, die Preise und die Zufriedenheit im Mittelpunkt.[110]

Wie bei der Strategie nach Hilker kann über eine CustomerBuyerPersona ein Kundenprofil erstellt werden, welche die Zielgruppe hinsichtlich ihrer Merkmale, Ziele, Probleme, Interessen und Verhaltensweisen beschreibt.[111]

Falls die Zielgruppe aus B2B-Kunden*innen besteht, werden für die Kundenanalyse unternehmensbezogene Merkmale herangezogen. Diese sind die Mitarbeiteranzahl, die Unternehmensgröße, der Umsatz des Unternehmens und die Branche.Darüber hinaus ist dieUnternehmensartentscheidend für die Zielgruppenanalyse. Ein Start-upkann nicht mit einem traditionellen Familienunternehmengleichgesetzt werden.[112]

---

108 Vgl. ebd., S. 103 f.

109 Vgl. ebd., S. 104.

110 Vgl. Schauer-Bieche (2019), S. 104.

111 Vgl. ebd., S. 105.

112 Vgl. ebd., S. 105 f.

Die dritte Phase nennt sich *Pre-Content-Audit*. An dieser Stelle wird eine Status-quo-Analyse durchgeführt, bei welcher die bereits bestehenden Inhalte, falls vorhanden, in Bezug auf die neu festgelegten Content-Ziele untersucht werden. Nicht selten kann bestehender Content weiterhin verwendet werden, oder muss lediglich minimal abgeändert werden.[113]

Für die Untersuchung des Pre-Content-Audits stehen verschiedene Möglichkeiten zur Verfügung. Die Content-Arten können zum einen in Bezug auf die Anzahl ihrer Verlinkungen betrachtet werden. Je öfter ein Beitrag extern erwähnt wird, desto größer ist dessen Relevanz und Reichweite. Zum anderen können die Zugriffszahlen der Inhalte untereinander verglichen werden, um herauszufinden, welche Inhalte gefragter sind.

Eine Untersuchung des Nutzerverhaltens von Usern gibt Aufschluss darüber, welche Content-Elemente, wie lange betrachtet werden und bei welchen die Konsumierendenbspw. die Unternehmenswebsite oder den Social-Media-Account verlassen. Mit Hilfe des Pre-Content-Auditsbesteht die Möglichkeit, die bestehenden Inhalte miteinander zu vergleichen. Auf diese Art und Weisezeigt sich, welche Inhalte bereits funktionieren und welche angepasst werden müssen.[114]

Den vierten Schritt bildet die*Content-Redaktion.*Nach Schauer-Bieche ist dies der wichtigste Schritt, da die besten Ideen keine Wirkungerzielen, wenn niemand da ist, der diese in guten Content umwandeln kann. Essenziell ist, im Vorfeld abzuklären, wer für welche Inhalte verantwortlich ist. Insbesondere, falls externe Agenturen oder Dienstleister für die Content-Produktion zuständig sind. Wenn die Content-Redaktion nicht rechtzeitig definiert wird, können Ideen zu spät oder falsch umgesetzt werden und verlieren somit an Wert.[115]

In der fünften Phase findet die *Ideen- und Themenfindung* statt. An dieser Stelle ist viel Kreativität gefragt, umInhalte zu finden, welche die Zielgruppe ansprechen. Schauer-Bieche stellt seine eigene Vorgehensweise für die Ideenfindung vor, welche mit einem Brainstorming beginnt. Ziel ist, so viele Themen und Ideen aufzuschreiben wie nur möglich. Quantität geht über Qualität. Ist das Brainstorming abgeschlossen, erstellt man eine Liste aus 52 Themen. Jeweils ein Thema für jede Woche des Jahres. Diese Themen können von Jahreszeiten und Feiertagen inspiriert sein, damit der Content auch für reale Ereignisse relevant ist.

---

[113] Vgl. ebd., S. 106.
[114] Vgl. ebd., S. 106 f.
[115] Vgl. Schauer-Bieche (2019), S. 107 f.

Die erstellte Liste wird daraufhinmehreren, unabhängigen Personenvorgestellt, um sich Feedback von diesen einzuholen. Insbesondere im Content Marketing sind externe Meinungen wichtig.[116]

Sobald die Themenliste erstellt wurde, wird im sechsten Schritt ein*Content-Plan* angefertigt. Die regelmäßige Produktion und Veröffentlichung von Content ist ein aufwendiger Prozess. Der Content-Planermöglicht einen strukturierten Ablauf und schafft eine Übersicht darüber, wann und wo, welcher Content veröffentlicht wird. Laut Schauer-Bieche gelingt dadurch eine langfristige Etablierung des Content-Marketings.Ein Content-Plan zeichnet sich durch folgende Variablen aus:

- Titel und kurze Beschreibung des Inhaltes
- Veröffentlichungsdatum
- Wer produziert den Content? (Name/Firma)
- Wer ist Content-Manager*in und pflegt den Content?
- Welches Content-Format liegt vor? (Text, Audio, Bild, Video)
- Auf welchem Kanal wird der Content veröffentlicht? (Website, Facebook, Blog, etc.)
- Status des Contents (ausstehend, in Bearbeitung, erstellt, veröffentlicht)[117]

Im siebten Schritt wird die *Vermarktungsstrategie* erstellt. Nach Schauer-Bieche soll in die Vermarktung der Inhalte ähnlich viel Zeit und Geld investiert werden, wie in die Produktion. Die Größe des Werbebudget hat Auswirkungen auf die Reichweite des Contents und ist somit ausschlaggebend für den Erfolg von Content Marketing. Der beste Content erzielt keine Wirkung, wenn dieser nicht gesehen, gelesen oder gehört wird. Die Strukturierung des Budgets sollte darauf ausgelegt sein, dass auf vielen verschiedenen Kanälen geworben wird.[118]

Die Grundvoraussetzung für eine erfolgreiche Vermarktungsstrategie ist die Erstellung eines umfangreichen Vermarktungsplanes. Darin wird festgelegt, welche Inhalte wie vermarktet werden sollen, welche Kanäle und Tools dafür benötigt werden und welche Kooperationen eingegangen werden müssen. Der erstellte Vermarktungsplan wird anschließend mit dem bestehenden Content-Plan verknüpft. Jedem Inhalt werden die jeweilige Vermarktungsmaßnahme, der

---

[116] Vgl. ebd., S. 108 f.
[117] Vgl. ebd., S. 109.
[118] Vgl. Schauer-Bieche (2019), S. 110.

Werbezeitraum und ein dazugehöriges Werbebudget zugewiesen. Nachdem der Vermarktungsplan erstellt wurde, kannmit der Veröffentlichung und Vermarktung des Contents begonnen werden.[119]

Den achten und abschließenden Schrittder Content-Marketing-Strategie bildet der *Evaluations- und Revisionsprozess*. Damit der veröffentlichte Content aktuell bleibt, müssen die Inhalte kontinuierlich überwacht und angepasst werden. Digitale Inhalte sind leicht zu überarbeiten, was sie wiederum pflegeintensiv macht.

Idealerweise wird die regelmäßige Überprüfung von internem Personal übernommen, welches Expertise im Bereich von Content-Review mitbringt. Sobald die Überprüfung der Inhalte vernachlässigt wird, leidet die Qualität der Inhalte darunter und die gewünschten Effekte im Content Marketing bleiben aus.[120]

Hilfreich für die Auswertung und Anpassung der Inhalte ist, auf das Feedback der User einzugehen. Sobald User auf Fehler hinweisen, sollten diese berücksichtigt und korrigiert werden. Das hat gleichzeitig positive Auswirkungen auf die Kundenbindung, da die User sich wertgeschätzt fühlen, wenn auf ihre Hinweise reagiert wird.[121] Auch der Einsatz von KPI ist wichtig für die Auswertung. Wesentliche Kennzahlen sind u. a. die Verweildauer, die Absprungrate, die Besucherquelle und die Entwicklung der Follower-Zahlen.[122]

3.3 Strategie nach Grunert

Die dritte Content-Marketing-Strategie, welche in dieser Arbeit betrachtet wird, ist die Strategie von Gerrit Grunert. Er ist Gründer und Geschäftsführer der Agentur „Crispy Content" und kann auf eine lange Praxiserfahrung im Content Marketing zurückgreifen.[123] In seinem Buch „Methodisches Content Marketing" stellt Grunert innerhalb von sieben Schritten seine Strategie fürein erfolgreiches Content Marketing vor.[124]

Der erste Schrittbeginnt mit der*Definition der Adressaten*anhandvon Buyer Personas. Durch die Visualisierung von Idealkunden*innen besteht die Möglichkeit, Inhalte auf die Zielgruppe so abzustimmen, dass der erstellte Content

---

[119] Vgl. ebd., S. 111.

[120] Vgl. ebd., S. 111 f.

[121] Vgl. ebd., S. 122.

[122] Vgl. ebd., S. 124.

[123] Vgl. Leitherer (2019).

[124] Vgl. Grunert (2019), S. 171 ff.

den bestmöglichen Effekt auf diese hat. Die Merkmale, das Verhalten und die Probleme der Zielgruppen werden zusammengetragen.

Wie in der Strategie von Schauer-Bieche, unterscheidet Grunert zwischen B2B- und B2C-Kunden*innen. Für die Persona-Entwicklung werden vier verschiedene Datengruppen untersucht. Stammdaten (Name, Job, Rolle im Unternehmen), demografische Daten (Alter, Geschlecht, Hobbys, Familienstand etc.), Unternehmensdaten (Branche, Umsatz, Größe) und Business-relevante Daten (Herausforderungen, bevorzugte Informationsquellen, Unternehmensziele etc.).[125]

Die Datenquellen dafür sind verschieden. Eine Analyse der eigenen Website und der Social-Media-Kanäle gibt bspw. Aufschluss über dieuserrelevanten Inhalte und Themen. Mit Hilfe von Umfragen, auf der Website oder per E-Mail, können zielgerichtete Fragen gestellt werden, welche für die Zielgruppenbeschreibung relevant sind. Grunert betont in seiner Strategie, dass die Erstellung der Buyer Persona keine einmalige Aktion ist, sondern ein andauernder Prozess, welcher vergleichbar mit einer Thesenüberprüfung ist. Die entwickeltenBuyer Personas müssen daher regelmäßig getestet und optimiert werden.[126]

Nachdem die Zielgruppe feststeht, werden im zweiten Schritt die *Inhalte und Themenwelten* bestimmt. Dafür werden die Interessen und Probleme der eigenen Zielgruppe mit Hilfe von Suchmaschinendaten, oder Ergebnissen aus Onlinepanels bestimmt. EinPanel beschreibt eine Gruppe von Personen, welche repräsentativ an Umfragen und Studien zu bestimmten Themen teilnehmen. Darüber hinaus gibt die Auswertung von Suchbegriffen und Schlagwörtern in den Suchmaschinen Aufschluss über aktuelle Trends und gefragte Themen. Die Informationen werden in einem Themenplan zusammengetragen, welcher die Grundlage für die Content-Produktion bildet.[127]

Die erstellten Inhalte sollen aber nicht nur die Bedürfnisse der Zielgruppen befriedigen. Für die Themenfindung werdenebenfalls die eigenen Markenbedürfnisse beachtet.Im Vorfeld muss festgelegt werden, welche Werte ein Unternehmenvertritt. Die eigene Positionierung muss sich in allen veröffentlichten

---

[125] Vgl. ebd., S. 172 ff.

[126] Vgl. ebd., S. 176 f.

[127] Vgl. Grunert (2019), S. 177 ff.

Inhalten widerspiegeln, um Authentizität auszustrahlen. Auf diese Weise kann die Glaubwürdigkeit bei den Usern bewahrt werden.[128]

Im Mittelpunkt des dritten Schrittes steht die *Customer Journey*. Sie beschreibt alle Berührungspunkte zwischen Konsumierenden und einem Unternehmen, vom Erstkontakt bis hin zum Kaufabschluss.Die Customer Journey wird genutzt, um ein Verständnis über das Verhalten und die Informationsbedürfnisse der Konsumierenden zu erhalten. Die drei Phasen einer Customer Journey lauten: Awareness, Consideration und Decision.

Die Awareness-Phase beschreibt die Ausgangssituation, in welcher die Nutzer*innen ein Problem feststellen, wofür sie Lösungen benötigen. In der Consideration-Phasekönnen Nutzer*innen das Problem und die Lösung konkret bestimmen. Darüber hinaus folgtder erste Kontakt mit einem oder mehreren Unternehmen. Diese offerieren den Usern mit ihren Produkten oder ihrem Service die passende Lösung. Während der abschließenden Decision-Phasevergleichen die Nutzer*innendie Lösungsangebote miteinander und entscheidensich für eines.[129]

Im Verlauf der einzelnen Phasen findet ein Perspektivenwechsel in die Rolle der User statt, um ihr Verhalten in der jeweiligen Phase zu antizipieren. Verschiedene Szenarien werden konzipiert, um herauszufinden, welche Kunden*innen, was und mit welchem Ziel machen. Dabei werden die Bedürfnisse, die benötigten Lösungen und die Medienformatebestimmt, um ableiten zu können, wie die User bestmöglich angesprochen werden können. Diese strategischen Überlegungen werden anschließend mit dem erstellten Themen-Plan verknüpft. Den drei Phasen der Customer Journey werden die jeweils passenden Inhalte zugeordnet.[130]

Im vierten Schritt, derStrategie von Grunert, wird das *Funnel Design*untersucht. Ein Funnel ist ein theoretisches Modell, welches wie ein Trichter aufgebaut ist und den Prozess derKundengewinnung untersucht. DerFunnel wird in einen Top, einen Middle und einen Bottom of Funnel unterteilt. Dieser Trichter wird in jeder Stufe schmaler. Ziel ist, möglichst viele User von einem Funnel in den nächsten Funnel zu konvertieren. Dies geschieht dadurch, dass die Nutzenden mit einer Handlungsaufforderung zu einer Aktion motiviert werden. Im Austausch gegen

---

[128] Vgl. ebd., S. 181 ff.
[129] Vgl. ebd., S. 187.
[130] Vgl. ebd., S. 189 f.

Nutzerdaten erhalten die User bspw. weitere Informationen, welche ihre Bedürfnisse befriedigen.[131]

Während dem Top of Funnel wird versucht die Aufmerksamkeit der Nutzer*innen zu gewinnen. Über bspw. Suchmaschinen, soziale Medien oder Gastbeiträge in anderen Blogs gelangen diese auf die eigene Website, auf welcher sie zu einer Handlung angeregt werden. Im Austausch gegen E-Mail-Adressen, Telefonnummern oder anderen Kontaktdaten erhalten die User gleich- oder höherwertigen Content. Der anschließende direkte Kontakt wird verwendet, um eine Vertrauensbeziehung aufzubauen. Durch die Datenübergabe erreichen die Userden Middle of Funnel, in welchem siedurch Informationsangebote auf den Kauf vorbereitet werden. Sind alle Informationen übermittelt und die User zeigen sich kaufbereit, werden im Bottom of FunnelArgumente geliefert, um sie zum Kauf zu motivieren. Dabei sind die beiden Parameter Zeit und Geld entscheidend. Zeitlich begrenzte und vergünstigte Angebote steigern die Wahrscheinlichkeit, User vom Kauf zu überzeugen.[132]

Die fünfte Phase befasst sich mit dem *Lead Scoring*.Lead Scoring ist eine Methode, um den Reifegrad der Kunden*innenzu bewerten. Dafür werden Profil- und Verhaltensdaten der User genutzt. Profildaten sind z.B. der Name, die Unternehmensgröße, die Rolle im Unternehmen und ihre Probleme. Zu den Verhaltensdaten zählen u. a. die verwendeten Suchbegriffe, die Frequenz und Länge von Websitebesuchen und die Öffnungs- und Klickraten. Die verschiedenen Daten unterscheiden sich hinsichtlichihrer Qualität. Der Wert eines Namens ist bspw. niedrigerals Informationen über die Position in einem Unternehmen.[133]

Eine standardisierte Skala für die Bewertung der einzelnen Daten existiert jedoch nicht. Die Gewichtung muss selbst vorgenommen werden. In Abbildung 7 ist ein Beispiel zu sehen, bei welchem ein User nach seinen*ihren Aktivitäten bewertet wurde. Die Summe der einzelnen Scores ist ausschlaggebend für das weitere Vorgehen. Überschreitet eine Person einen selbst festgelegten Schwellenwert, ist die Wahrscheinlichkeit höher, dass ein Kauf getätigt wird. Daraufhin wird automatisch ein Verkaufsangebot an die Person übermittelt.[134]

---

[131] Vgl. Grunert (2019), S. 190 f.

[132] Vgl. ebd., S. 191 ff.

[133] Vgl. ebd., S. 196 f.

[134] Vgl. ebd., S. 197 f.

Aktivität	Score
Öffnet eine E-Mail	+10
Klickt in einer E-Mail	+20
Füllt ein Formular aus	+50
Besucht Produktseite	+30
Besucht die Referenzen-Seite	+10
Gesamt	+120

Abbildung 7: Beispiel für eine Lead-Scoring-Übersicht[135]

Der sechste Schritt ist das *Content Mapping*. Eine Content Map wird erstellt, um alle Maßnahmen im Content Marketing zu visualisieren. Sie ist die Grundlage für die Content-Redaktion, weshalb Fehler zu vermeiden sind. Dies gelingt indem nicht eine einzelne Person, sondern eine Gruppe die Content Map gemeinsam erstellt. Je klarer und umfangreicher die Inhalte und deren Einsatz im Konversionsprozess beschrieben werden, desto besser ist die Ausgangssituation.[136]

Die Content Map beinhaltet z. B. die beschrieben Personas, die eingesetzten Content-Formate und -Kanäle und die verschiedenen Themen. Die Stufe des Konversions-Funnel, in welcher sich die User befinden, ist ebenfalls entscheidend. Whitepaper sind bspw. nicht geeignet für Personen in der ersten Stufe des Funnels. Zum Lesenmuss viel Zeit investiert werden, was abschreckend wirken kann. Außerdem empfiehlt sich, den Trigger in die Content Map mit einzubeziehen. Dies ist der Anlass, auf welchen Bezug genommen wird, wenn Nutzer*innen kontaktiert werden. Grunert bringt zusätzlich das Seeding als Element an. Dies beschreibt, wie die jeweiligen Inhalte vermarktet werden.[137]

Die Darstellung der verschiedenen Elemente findet im Content-Kalender statt. Dieser ist jedoch nicht mit dem Content-Plan von Schauer-Bieche gleichzusetzen. Der Kalender beinhaltetkeine Publikationsdaten oder Deadlines und ist so aufgebaut, dass den verschiedenen Schritten der Kundengewinnung die einzelnen Elemente zugeordnet werden.

Der erste Schritt beginnt z. B. damit, wiePersona 1 über einen Social Media Beitrag zu einem Blogartikel geführt wird. Anschließend wird im nächsten Schritt beschrieben, wie diese Person zu einer Aktion animiert werden kann. Nachdem alle

---

[135] Grunert (2019), S. 198.

[136] Vgl. ebd., S. 200.

[137] Vgl. ebd., S. 201 ff.

Schritte definiert wurden und der Content-Kalender erstellt wurde, kann mit der Produktion der Inhalte begonnen werden.[138]

Der siebte und letzte Schritt in der Content-Marketing-Strategie von Grunert ist das *KPI Framework*.Mit Hilfe von KPIkann überprüft werden, ob dieeingesetzten Maßnahmen funktionieren und wie diese optimiert werden können. Da die Auswahl an Indikatoren sehr groß ist, sollten die bedeutsamsten in einem KPI Framework festgelegt werden. Diese Sammlung von definierten Messwerten orientiert sich an allen Phasen des Konversion-Funnels. Die Erfolgsmessung findet daher nicht nur am Ende, dem Bottom of Funnel, statt, sondern bereits im Top und Middle of Funnel, um frühzeitig handeln zu können.[139]

Messdaten werden im Top of Funnel hauptsächlich in den sozialen Netzwerken, Suchmaschinen und Websites erfasst. Dazu gehören bspw. die Anzahl der Aufrufe, Likes, Kommentare oder Sharesbei Beiträgen, sowie die Verweildauer, die Absprungrate und die Entwicklung von Follower-Zahlen.[140]

Im Middle of Funnel stehtder Dialog mit den Nutzern*innen im Vordergrund. Dabei werden aktiv Daten übertragen, in dem sich z. B. eine Person mit ihrer E-Mail-Adresse registriert, um im Gegenzug weitere Informationenzu erhalten. Ein Abonnement eines Newsletters benachrichtigt einen User über Neuigkeiten.Die Open-Rate ist ein weiterer Indikator, welcher sich an eine Registrierung oder ein Abonnement anschließt. Darüber wird erfasst, wie viel Prozent der Empfänger*innen ein Medium geöffnet haben und gibt Auskunft über das Interesse dieser zu den jeweiligen Inhalten.[141]

Indikatoren im Bottom of Funnel beziehen sich aufVertriebszahlen. Diese geben Auskunft darüber, welche Auswirkungen die verschiedenen Inhalte auf das Geschäft haben. Ein Indikator ist bspw. die Entwicklung des monatlichen Umsatzes, welcher durch drei Parameter beeinflusst wird. Die Anzahl, die Qualität und die Vermarktung der Inhalte. Dementsprechendkann bspw. eine höhere Content-Produktion und eine zielgruppenspezifische Vermarktung zu höheren Umsätzen führen. Weitere KPI sind z. B. die Anzahl der monatlich gewonnen Kunden*innen und die durchschnittliche Summe ihrer Einkäufe.[142]

---

138 Vgl. Grunert (2019), S. 205 ff.

139 Vgl. ebd., S. 210 f.

140 Vgl. ebd., S. 211 ff.

141 Vgl. ebd., S. 213 ff.

142 Vgl. ebd., S. 215 f.

4. Betriebswirtschaftliche Herausforderung

Die bisherige Betrachtung hat gezeigt, dass sich die vorgestellten Content-Marketing-Strategien, sowohl inhaltlich, als auch im Aufbau unterscheiden. In der noch jungen Fachliteratur existiert jedoch keine einheitliche Strategie. Dies könnte ein Grund dafür sein, dass eine schriftlich dokumentierte Content-Marketing-Strategie nur in jedem dritten Unternehmen zu finden ist.[143] Die Auswahl an Strategien ist vielfältig.Unternehmen haben Schwierigkeiten, die passende Strategie auszuwählen und neigen deshalb dazu, diese zu vernachlässigen.

Da eine Content-Marketing-Strategie jedoch ausschlaggebend für den Erfolg von Content Marketing ist, ist die Ableitung eines neuen, ganzheitlichen Ansatzes von betriebswirtschaftlicher Bedeutung. Für den Vergleich der vorgestellten Strategien bieten sich mehrere Methoden an.

Eine Methode für den Vergleich ist die *Nutzwertanalyse.* „Dabei handelt es sich um ein Instrument zur Entscheidungsfindung in komplexen Situationen."[144]Sie wird eingesetzt, wenn die Betrachtung der monetären Einflussgrößen nicht ausreicht und für die Entscheidungsfindung zusätzlich qualitative Einflussgrößenmit einbezogen werden müssen.[145]Die Bewertung der verschiedenen Alternativen basiert auf einem gewichteten Punktesystem.

Die Nutzwertanalyse besteht aus insgesamt sechs Phasen. In der ersten Phase wird die *Ausgangssituation* definiert. Zusätzlich werden alle infrage kommenden Alternativen aufgelistet, die zu vergleichen sind. Im zweiten Schritt werden die *Bewertungskriterien* festgelegt. Dabei wird zwischen Muss- und Soll-Kriterien unterschieden. Muss-Kriterien müssen zwingend erfüllt werden und Soll-Kriterien sind wünschenswert, aber nicht notwendig. Damit der unterschiedliche Wert der Kriterien beachtet wird, werden in der dritten Phase der Nutzwertanalyse die *Bewertungskriterien gewichtet.* Diese subjektiveGewichtung kann bspw. mit Hilfe von Prozentzahlen erfolgen.Hierbei ist zu beachten, dass die Summe aller Gewichtungen insgesamt 100% ergibt.[146] Auch die Gewichtung über Punkte ist möglich. Sie kann z. B. von 1 (weniger wichtig) bis 10(sehr wichtig) stattfinden.[147]

---

[143] Vgl. Borst (2017), S. 397.
[144] Kühnapfel (2019), S. 1.
[145] Vgl. Sztuka (2021).
[146] Vgl. Pohlmann (2020).
[147] Vgl. Sztuka (2021).

Im vierten Schritt folgt die *Bewertung der Alternativen.*Bei jeder Alternative werden die Entscheidungskriterien nach ihrem Erfüllungsgrad bewertet. Dafür können Schulnoten oder Punkte vergeben werden.Je höher der Erfüllungsgrad ist, desto höher fällt die Bewertung aus. Wurden alle Alternativen und Kriterien bewertet, werdenin der fünften Phase die *Nutzwerte ausgerechnet.* Dazu werden die einzelnen Bewertungspunkte der Alternativen mit ihrer Gewichtung multipliziert, um den Nutzwert zu erhalten.Die einzelnen Nutzwerte werden addiert und der Gesamtnutzen der jeweiligen Alternative kann bestimmt werden. Im abschließenden sechsten Schritt steht die *Entscheidung* an. Die Alternative, welche insgesamt den höchsten Gesamtnutzen hat, wird gewählt.[148]

Eine weitere Möglichkeit,um die Strategien miteinander zu vergleichen,ist die *Bewertung anhand vonStrategiebewertungskriterien.* Die Strategiebewertung im Marketing erfolgt sowohl quantitativ, als auchqualitativ.

Eine quantitative Analyse beschäftigt sich hauptsächlich mit denwirtschaftlichen Auswirkungen einer Strategie aufein Unternehmen. Bei gewinnorientierten Unternehmen steht dabei die Umsatzsteigerung durchdie Strategieim Mittelpunkt.Im Rahmen dieser Arbeit istdie quantitative Untersuchung jedoch nicht zielführend, da die Content-Marketing-Strategien inhaltlich untersucht werden sollen. Ein spezifischer Unternehmensbezug liegt nicht vor. RelevanteUnternehmensdaten wie z. B. Zielsetzung, Ressourcen und Budgets, welche für eine quantitative Strategiebewertung notwendig sind,fehlen.[149]

Daher ist die Betrachtung der qualitativen Bewertungskriterien sinnvoll. Diese werden genutzt, um zu überprüfen, ob eine Strategiealternative grundsätzlich die Voraussetzungen erfüllt, einen Wertbeitrag für ein Unternehmen zu leisten. Für die qualitative Strategiebewertung werden drei verschiedene Kriterien herangezogen. Diese beziehen sich auf die Konsistenz, den Inhalt und die Umsetzbarkeit einer Strategie.[150]

---

[148] Vgl. Pohlmann (2020).

[149] Vgl. Homburg (2017), S. 544.

[150] Vgl. ebd., S. 542 ff.

DieKonsistenz untersucht, ob die Content-Marketing-Strategie mit dem jeweiligen Unternehmen harmoniert. Sie sollte im Einklang mit den Zielen, den Visionen und der Positionierung des Unternehmens stehen, damit die Glaubwürdigkeit bei den Konsumierenden bewahrt wird.[151]

Ein weiterer wichtiger Aspekt ist die inhaltliche Betrachtungeiner Strategie. Überprüft wird, ob die verschiedenen Strategieelemente untereinander zusammenpassen und zur Erreichung der gesetzten Content-Marketing-Ziele beitragen. Die einzelnen Schritte sollen sich gegenseitig stützen und frei von Widersprüchen sein.[152]Auch die inhaltliche Präzision und Angemessenheit der Strategiephasen wird untersucht.[153]Eine fundierte Vorgehensweise muss zu Grunde liegen, damit die eingeleiteten Schritte und Maßnahmen nachvollziehbar sind.[154]

Das letzte Bewertungskriterium setzt sich mit derUmsetzbarkeit der Content-Marketing-Strategie auseinander. Nicht jede Strategie eignet sich für jedes Unternehmen, da verschiedene Grundvoraussetzungen vorliegen. Untersucht wird, ob innerhalb der Strategie die Fähigkeiten und Ressourcen berücksichtigt werden, welche für die Umsetzung benötigt werden. Insbesondere die Betrachtung von finanziellen und personellen Ressourcen sollte in dieStrategie integriert werden.[155] Eine erfolgreiche Strategie ist außerdem flexibel und lässt sich auf relevante Änderungen in der Unternehmensumwelt anpassen.[156]

Im Rahmen dieser Arbeit wird der Vergleich der Strategien anhand der qualitativen Bewertungskriterien vorgenommen. Grund dafür ist, dass die Nutzwertanalyseeher dazu eingesetzt wird, eine Entscheidung zwischen Strategiealternativen zu fällen. Der direkte Vergleich der einzelnen Strategieschritte findet nur in quantitativer Form statt, ohnetiefere Einblicke zu erhalten. Im Hinblick auf die anschließende Ableitung eines neuen Ansatzes einer Content-Marketing-Strategie ist jedoch notwendig, die Strategien umfangreich zu untersuchen, was nur mit den qualitativen Bewertungskriterien möglich ist.

---

[151] Vgl. ebd., S. 542.

[152] Vgl. Hungenberg (2014), S. 277.

[153] Vgl. Homburg (2017), S. 543.

[154] Vgl. ebd., S. 542.

[155] Vgl. Hungenberg (2014), S. 277 f.

[156] Vgl. Homburg (2017), S. 543.

Bevor mit der Strategiebewertung begonnen wird, werden zunächst die Schritte der Content-Marketing-Strategien in einerTabelle kurz zusammengefasst, um einen Überblick zu erhalten. Diese Tabelle dient als Grundlage dafür, einleitend die Gemeinsamkeiten und Unterschiede im Aufbau der Strategienfestzulegen.

5. Strategievergleich

5.1 Gemeinsamkeiten und Unterschiede

Tabelle 1: Übersicht zu den Content-Marketing-Strategien in Anlehnung an Hilker[157], Schauer-Bieche[158] und Grunert[159]

	Strategie nach Hilker	**Strategie nach Schauer-Bieche**	**Strategie nach Grunert**
Schritt 1	*Customer Buyer Persona* Wie sehen die Zielgruppen aus?	*Zieldefinition* Was sind die Ziele beim Einsatz von Content Marketing?	*Definition der Adressaten* Wie sehen die Zielgruppen aus?
Schritt 2	*Bedarf, Probleme und Lösungen* Wie lauten dieProbleme der Zielgruppen?	*Zielgruppendefinition* Wie sehen die Zielgruppen aus?	*Inhalte und Themenwelten* Welche Inhalte sind für die Zielgruppe relevant?
Schritt 3	*Ziele, Themen und Nutzen* Was soll mit dem Einsatz von Content-Marketing erreichen werden? Welche Content-Themen eignen sich?	*Pre-Content-Audit* Welcher Content wird aktuell produziert und kann er weiterhin verwendet werden?	*Customer Journey* Wie verhält sich die Zielgruppe vom Erstkontakt bis zum Kaufabschluss?
Schritt 4	*Story, Formate und Medienplan* Wie lautet die Leitidee, welche sich durch alle Inhalte zieht? Wie wird der Content vermarktet? Wie sieht der Medienplan aus?	*Content-Redaktion* Wer sind die Verantwortlichen?	*Funnel Design* Wie lauten die Maßnahmen zur Kundengewinnung in den einzelnen Phasen?

---

[157] Vgl. Hilker (2020), S. 92.

[158] Vgl. Schauer-Bieche (2019), S. 101 ff.

[159] Vgl. Grunert (2019), S. 172 ff

	Strategie nach Hilker	Strategie nach Schauer-Bieche	Strategie nach Grunert
Schritt 5	*Publikationen, Aktionen, Zeitplan* Welche Content-Arten werden verwendet? Wie sieht der Zeitplan aus?	*Ideen- und Themenfindung* Welcher Content sollte produziert werden?	*Lead Scoring* Wie wird der Reifegrad der Zielgruppe bewertet?
Schritt 6	*Content-Kosten* Welche Kosten fallen an? Wer sind die Verantwortlichen?	*Content-Plan* Wann werden die Inhalte veröffentlicht?	*Content Mapping* Wie sehen der Content-Plan und der Content-Kalender aus?
Schritt 7	*Content-Marketing-Controlling* Welche Kennzahlen werden für die Erfolgsmessung verwendet?	*Vermarktungsstrategie* Wie wird der Content vermarktet?	*KPI Framework* Welche Kennzahlen werden für die Erfolgsmessung in den einzelnen Phasen der Kundengewinnung verwendet?
Schritt 8		*Evaluations- und Revisionsprozess* Wie wird der Content ausgewertet und angepasst?	

Teilweise unterscheiden sich die drei vorgestellten Strategien in ihrem Aufbau stark voneinander. Der offensichtlichste Unterschied ist in der Schrittfolge zu erkennen. Während die beiden Strategien von Hilker[160] und Grunert[161] aus jeweils sieben Schritten bestehen, setzt sich die von Schauer-Bieche[162] aus insgesamt acht Phasen zusammen.

---

[160] Vgl. Hilker (2017), S. 92.
[161] Vgl. Grunert (2019), S. 171 ff.
[162] Vgl. Schauer-Bieche (2019), S. 102 ff.

Die drei Autoren sind sich jedoch einig, dass eine ausführliche Zielgruppendefinition den Grundstein für ein erfolgreiches Content Marketing legt. In den Strategien von Hilker[163] und Grunert[164] bildet die Erstellung einer Customer Buyer Persona den ersten und bei Schauer-Bieche[165] den zweiten Schritt. Grunert betont dabei, dass die Erstellung der Customer Buyer Persona ein dauerhafter Prozess ist und ständig überprüft werden muss.[166]Darüber hinaus unterscheiden Schauer-Bieche[167] und Grunert[168], Im Rahmen der Zielgruppendefinition, in B2B- und B2C-Kunden*innen.

Die Zielgruppendefinition geht in der Strategie von Hilker fließend in den zweiten Schritt über. Interessen, Probleme und Bedürfnisse von Kunden*innen werden nach der Erstellung der Customer Buyer Personas in einer separaten Phase gesondert untersucht.[169] In den beiden anderen Content-Marketing-Strategien, werden diese Elemente hingegen direkt in die Zielgruppendefinition integriert.

Bevor Schauer-Bieche die Zielgruppen bestimmt, werden im ersten Schritt die Content-Marketing-Ziele definiert. Er verwendet dafür, als einziger der drei Autoren, die SMART-Methode.[170] Auch Hilker hat die Zieldefinition in ihre Strategie integriert, jedoch in denselben Schritt, in welchem die Content-Themen festgelegt werden.[171] Grunert verzichtet hingegen gänzlich auf eine Zieldefinition.

Sein zweiter Schritt, nach der Zielgruppendefinition, beschäftigt sich bereits mit den Inhalten und Themenwelten.[172] In der Strategie von Schauer-Bieche findet dies erst in der fünften Phase statt.[173]

In der dritten Phase von Schauer-Bieche wird eine Status-quo-Analyse zu dem bereits erstellten Content durchgeführt.[174] Dieser Schritt wird in den beiden

---

[163] Vgl. Hilker (2017), S. 88.

[164] Vgl. Grunert (2019), S. 172 ff.

[165] Vgl. Schauer-Bieche (2019), S. 105.

[166] Vgl. Grunert (2019), S. 176 f.

[167] Vgl. Schauer-Bieche (2019), S. 104.

[168] Vgl. Grunert (2019), S. 172 ff.

[169] Vgl. Hilker (2017), S. 92.

[170] Vgl. Schauer-Bieche (2019), S. 103 f.

[171] Vgl. Hilker (2017), S. 88.

[172] Vgl. Grunert (2019), S. 177 ff.

[173] Vgl. Schauer-Bieche (2019), S. 108 f.

[174] Vgl. Grunert (2019), S. 106.

Strategien nach Hilker und Grunert außen vorgelassen, da sich ihre Strategien ausschließlich mit der zukünftigen Content-Produktion beschäftigen.

Die Verteilung der Rollen und Verantwortlichkeiten im Content Marketing wird in der Strategie von Schauer-Bieche im vierten Schritt thematisiert.[175] Hilker hingegen integriert diesen Schritt in die Berechnung der Content-Marketing-Kosten.[176] Die Verantwortlichen im Content Marketing werden bei Grunert nicht innerhalb der Strategie festgelegt, sondern erst, wenn mit der Content-Produktion begonnen wird.[177]

Gleiches gilt für die Kostenrechnung und die Budgetplanung. Diese Aspekte werden innerhalb der Content-Marketing-Strategie von Grunert nicht betrachtet.[178] In der Strategie von Schauer-Bieche wird lediglich das Werbebudget in der siebten Phase bestimmt. Personal- oder Produktionskosten werden nicht kalkuliert.[179] Die gesamte Kostenkalkulation für das Content-Marketing ist lediglich im sechsten Schritt der Strategie von Hilker zu finden.[180]

Die Erstellung eines Content-Plans ist ein signifikanter Punkt in allen drei vorgestellten Strategien. Hilker erstellt in der vierten Phase ihrer Strategie einen Medienplan, welcher zusätzlich die Vermarktungsstrategie beinhaltet.[181]Darüber hinaus wird im anschließenden fünften Schritt der Medienplan durch einen Zeitplan ergänzt.[182]

In der Strategie von Schauer-Bieche umfasst der Content-Plan im sechsten Schritt die geplanten Inhalte und den dazugehörigenZeitplan. Die Vermarktungsstrategie für die Inhalte wird in einem separaten Schritt geplant.[183] Das gesamte Content-Mapping in der Strategie von Grunert findet im Gegensatz dazu in einem einzelnen, sechsten Schritt statt.[184]

---

[175] Vgl. Schauer-Bieche (2019), S. 107 f.

[176] Vgl. Hilker (2017), S. 92.

[177] Vgl. Grunert (2019), S. 231 ff.

[178] Vgl. ebd., S. 172.

[179] Vgl. Schauer-Bieche (2019), S. 111.

[180] Vgl. Hilker (2017), S. 92.

[181] Vgl. ebd., S. 88 ff.

[182] Vgl. ebd., S. 92.

[183] Vgl. Schauer-Bieche (2019), S. 111 f.

[184] Vgl. Grunert (2019), S. 200 ff.

Die Erfolgsmessung bildet in allen drei Content-Marketing-Strategien den Abschluss. In der Strategie von Hilker ist das Content-Marketing-Controlling, wie das KPI Framework bei Grunert, in der siebten Phase vorzufinden.[185] Das KPI-Framework für die Erfolgsmessung bezieht sich auf die verschiedenen Phasen der Kundengewinnung.[186] Die Strategie von Schauer-Bieche endet im achten Schritt mit dem Evaluations- und Revisionsprozess.[187]

Der bisherige Vergleich zeigt auf, dass sich die vorgestellten Strategien in vielen Strategieelementen überschneiden. Dies beginnt bei der Zielgruppendefinition und reicht über die Themenfindung und Erstellung eines Content-Plans, bis hin zur Erfolgsmessung und Auswertung. Besonders die beiden Strategien von Hilker und Schauer-Bieche weisen viele inhaltliche Gemeinsamkeiten auf.

Einen großen Unterschied stellt die Vorgehensweise in der Strategie von Grunert dar. Seine Strategie orientiert sich als einzige, von der Themenfindung bis hin zum KPI Framework, an der Customer Journey.[188] Die Kunden*innen werden im fünften Schritt anhand eines Lead-Scoring-Modells bewertet und in die einzelnen Phasen der Kundengewinnung eingeteilt.[189] Diese Bewertung ist ausschlaggebend für die Inhalte und Maßnahmen im Content Mapping.

5.2 Strategievergleich anhand der Bewertungskriterien

5.2.1 Konsistenz

Die vorgestellten Content-Marketing-Strategien orientieren sich inwenigen Punkten an den jeweiligen Unternehmenseigenschaften und ihren Strategien. Die Erstellung einer Customer Buyer Persona, ist einer davon. Sowohl Hilker[190], als auch Schauer-Bieche[191] und Grunert[192] verwenden diese in ihren Strategien für die Zielgruppendefinition.Eine genaue Zielgruppendefinition ermöglicht, den Content konstant an die eigenen Zielgruppen anzupassen. Das jeweilige Unternehmen setzt

---

[185] Vgl. Hilker (2017), S. 92 ff.

[186] Vgl. Grunert (2019), S. 210 ff.

[187] Vgl. Schauer-Bieche (2019), S. 111 ff.

[188] Vgl. Grunert (2019), S. 187 ff.

[189] Vgl. ebd., S. 196 ff.

[190] Vgl. Hilker (2017), S. 90.

[191] Vgl. Schauer-Bieche (2019), S. 105.

[192] Vgl. Grunert (2019), S. 171 ff.

damit den Fokus darauf, die Kunden*innen mit der höchsten Kaufwahrscheinlichkeit zu erreichen.

Eine Konsistenz in der Strategie von Hilker ist außerdem imdritten Schritt zu erkennen. In diesem Schritt werden die Content-Marketing-Ziele definiert. Die Herleitung der Ziele geschieht über die Betrachtung der übergeordneten Unternehmensziele. Daher stehen die Ziele des Content Marketings im Einklang mit den Unternehmenszielen.[193]

In der vierten Phase ihrer Strategie wird eine Leitidee festgelegt, welche sich wie ein roter Fadendurch alle Inhaltezieht. Das Ziel besteht darin, eine feste Positionierung einzunehmen, um die Glaubwürdigkeit bei der Zielgruppe zu bewahren.[194]Hilker ist die einzige Autorin, welche diesen wichtigen Aspekt in ihre Strategie integriert, jedoch fehlt der Unternehmensbezug. Die festgelegte Leitidee muss mit der Positionierung und dem Image des Unternehmens abgeglichen werden, damitdie Glaubwürdigkeit bei den Konsumierenden bewahrt werden kann.

Im Rahmen der Content-Marketing-Strategie von Hilker findet keine weitere Betrachtung der anderen Unternehmensstrategien statt. Der Bezug zu den Visionen und der Positionierung des Unternehmens bleibt ebenso aus. Dies kann dazu führen, dass der produzierte Content bei der Zielgruppe Verwirrung auslöst. Dadurch wird die öffentliche Wahrnehmung negativ beeinflusst.

Dasselbe gilt für die Strategie von Schauer-Bieche. Auch hier fehlt der Abgleich der Content-Marketing-Strategie mit den anderen Unternehmensstrategien, sowieeine Betrachtung des Imagesund der Positionierungdes eigenen Unternehmens.

Im Gegensatz zu der Zieldefinition in der Strategie von Hilker, werden die Content-Marketing-Ziele in seiner Strategie nicht von den Unternehmenszielen abgeleitet. Schauer-Biecheverwendet ausschließlich die SMART-Methode für die Definition der Ziele. Darunter leidet die Konsistenz der Strategie.[195]

Positiv anzumerken ist der Pre-Content-Audit im dritten Schritt seiner Strategie. Durch die Überprüfung der bereits bestehenden Inhalte wird ein Bezug zu einer früheren Vorgehensweise hergestellt. Selbst wenn vorher keine dokumentierte

---

[193] Vgl. Hilker (2017), S. 88 ff.
[194] Vgl. ebd., S. 88.
[195] Vgl. Schauer-Bieche (2019), S. 103 f.

Content-Marketing-Strategie existierte, ist diese Betrachtung wichtig für ein einheitliches Content Marketing. [196]

In der fünften Phase der Strategie von Schauer-Bieche wird eine Vermarktungsstrategie für die Inhalte erstellt. An dieser Stelle wäre eine Untersuchung bestehender Marketingstrategien angebracht, welche jedoch nicht berücksichtigt wurde. Daher ist kein Erfahrungsaustausch möglich und die Gefahr besteht, keinen konstanten Marketingauftritt zu erreichen.[197]

DieContent-Marketing-Strategie, welche sich auf die Werte und Positionierung eines Unternehmensbezieht, ist die Strategie von Grunert.In seinem zweiten Schritt, der Themenfindung, werden nicht nur die Zielgruppenbedürfnisse betrachtet, sondern auch die Markenbedürfnisse.Dadurch stehen die erstellten Inhalteim Einklang mit dem eigenen Unternehmen, was die Grundlage für ein glaubwürdiges Content Marketing bildet.[198]

Ein weiterer positiver Aspekt, im Hinblick auf die Konsistenz seiner Strategie, ist die Vorgehensweise im Content-Mapping. Die Content Map wird nicht von einer einzelnen Person, sondern im Team erstellt. Dadurch werden verschiedene Blickwinkel in die Entscheidung integriert, welche anschließend in die Themenfindung einfließen.[199]

5.2.2 Inhalt

Die inhaltliche Untersuchung zeigt auf, dass die verschiedenen Strategieelemente in der Content-Marketing-Strategie von Hilker nicht immer schlüssig sind. Dies zeigt sich darin, dass die Zieldefinition erst im dritten Schritt stattfindet.[200] Innerhalb des Strategieentwicklungsprozesses bildet die Zieldefinition jedoch den ersten Schritt und gibt die Richtung der Strategie vor,[201]wie in der Strategie von Grunert.[202]

---

[196] Vgl. ebd., S. 106 f.

[197] Vgl. ebd., S. 110 f.

[198] Vgl. Grunert (2019), S. 181 ff.

[199] Vgl. ebd., S. 200 ff.

[200] Vgl. Hilker (2017), S. 92.

[201] Vgl. Sternad (2015), S. 5.

[202] Vgl. Grunert (2019), S. 172 ff.

Hilker beginnt ihre Strategie mit der Zielgruppendefinition. Dafür eignet sich die Customer Buyer Persona, da auf diese Weise eine detaillierte Zielgruppenbeschreibung möglich ist. Diese ist entscheidend für die anschließende Themenfindung und somit für den Erfolg des eingesetzten Contents. Hilker bringtviele verschiedene Vorgehensweisen an, um eine fundierte Persona-Erstellung durchführen zu können.[203]

Die Zielgruppendefinition wird in ihrer Strategie in zwei Schritte unterteilt. Zuerst wird die Customer Buyer Persona erstellt und anschließendwerden die Bedürfnisse und Probleme der Zielgruppen bestimmt.[204] Schauer-Bieche[205] und Grunert[206] fassen hingegen diese beiden Schritte in einem zusammen, da übergeordnet die Zielgruppendefinition gemeint ist.

Nachdem die Zielgruppen beschrieben wurden, schließt sich die Themenfindung im dritten Schritt an. Jedoch beschreibt Hilker in ihrer Content-Marketing-Strategie keine Vorgehensweise, wie die Themenfindung abläuft, was der inhaltlichen Präzision schadet.

Zusätzlich ist ein Widerspruch innerhalb der vierten Phase zu erkennen, welche laut Überschrift die Story, die Formate und den Medienplan beinhaltet. Die Festlegung der Content-Formate findet jedocherst im darauffolgenden fünften Schritt statt.[207]

Des Weiteren ist der Medienplan kritisch zu betrachten, da dieser lediglich eine Unterscheidung der Content-Inhalte in die vier Medienbereiche beinhaltet. Der Medienplan umfasst weder die Content-Art noch die Vermarktung und die Verantwortlichen. Eine übersichtliche Darstellung dervollständigen Content-Marketing-Maßnahmen ist dadurch nicht möglich.[208]

Der dazugehörige Zeitplan wird im fünften Schritt, gleichzeitig mit einem Budgetplan und der Festlegung der Content-Formate, erstellt. Dieser einzelne Schritt umfasst somit drei verschiedene Strategieelemente, weshalb eine Zusammenfassung nicht nachvollziehbar ist. Grunert und Schauer-Bieche verteilen diese Strategieaspekte deshalb auf mehrere Schritte. Darüber hinaus ist die

---

[203] Vgl. Hilker (2017), S. 90.

[204] Vgl. ebd., S. 92.

[205] Vgl. Schauer-Bieche (2019), S. 105.

[206] Vgl. ebd., S. 172 ff.

[207] Vgl. Hilker (2020), S. 92.

[208] Vgl. ebd., S. 108.

Festlegung eines Budgetplans in diesem fünften Schritt ihrer Strategie überflüssig, da im sechsten Schritt die Content-Marketing-Kosten separat betrachtet werden.

Eine Untersuchung der anfallenden Kosten ist wichtig, um einen Überblick für das anschließende Content-Marketing-Controlling zu erhalten. Fraglich ist, weshalb Hilker in diesen Schritt die Verteilung der Verantwortlichen integriert. Die Rollenverteilung wäre an einem früheren Schritt, bspw. im Medienplan, nachvollziehbarer.[209] In der Strategie von Schauer-Bieche findet dies bereits im vierten Schritt, der Content-Redaktion, statt.[210]

Das Content-Marketing-Controlling, anhand der Balanced Scorecard, bildet den Abschluss in der Strategie von Hilker. Diese eignet sich dafür, alle Perspektiven übersichtlich zusammenzutragen und diese mit Hilfe von Kennzahlen messbar zu machen. Die Beschreibung der jeweiligen Kennzahlen ist jedoch unvollständig, da für die interne Prozessperspektive keine Kennzahlen genannt werden. [211]

Die Strategie von Schauer-Bieche ist gut verständlich, da die einzelnen Schritte logisch aufeinander aufbauen. In der ersten Phase wird die SMART-Methode genutzt, um die Ziele im Content Marketing präzise zu definieren. Diese Ziele beruhen nicht nur auf betriebswirtschaftlichen Aspekten, sondern beziehen sich darüber hinaus auf die Erwartungen der Zielgruppen.[212]

Bei der anschließenden Zielgruppendefinition wird zusätzlich zur Erstellung einer Customer Buyer Persona, eine Einteilung in Business- und Privatkunden*innen vorgenommen. Dies ermöglicht, eine präzise Beschreibung der Zielgruppe, welche eine gute Grundlage für die spätere Themenfindung bildet.[213]

Schauer-Bieches Strategie beinhaltet als einzige einen Pre-Content-Audit. In dieser dritten Strategiephase wird der bereits bestehende Content im Hinblick auf die gesetzten Ziele untersucht.[214] Der Schritt ist nachvollziehbar, da der bestehende Content, für einen konstanten Unternehmensauftritt, im Einklang mit dem neuen Content stehen muss.

---

[209] Vgl. Hilker (2020), S. 92.

[210] Vgl. Schauer-Bieche (2019), S. 107 f.

[211] Vgl. Hilker (2020), S. 204 f.

[212] Vgl. Schauer-Bieche (2019), S. 102 ff.

[213] Vgl. ebd., S. 104 ff.

[214] Vgl. ebd., S. 106 f.

Bevor die Themen bestimmt werden, wird die Content-Redaktion festgelegt. Dies hat den Vorteil, dass sofort mit der Content-Produktion begonnen werden kann, sobald die Themen vorliegen.[215] Problematisch ist aber, dass nur vermutet werden kann, wie viele Mitarbeiter*innen für die Content-Produktion notwendig sind.

Im Gegensatz zu Hilker beschreibt Schauer-Bieche eine Vorgehensweise für die Themenfindung im fünften Schritt. In seiner Strategie verwendet er das Brainstorming, welches jedoch subjektiv und wenig fundiert abläuft.[216]

Die relevanten Informationen aus den bisherigen Schritten werden im Content-Plan zusammengetragen.[217] Dieser, sehr ausführlich beschriebenePlan, wird anschließend durch den dazugehörigen Vermarktungsplan erweitert, welcher eine Berechnung des Werbebudgets enthält.[218] Dies ist allerdingsdie einzige Strategiephase, welche sich mit den anfallenden Kosten im Content Marketing beschäftigt.

Weder die Produktions- noch die Personalkosten werden in der Content-Marketing-Strategievon Schauer-Bieche kalkuliert. Für den abschließenden Evaluations- und Revisionsprozess sind diese jedoch notwendig. Sie werden benötigt, um eine fundierte Analyse der eingesetzten Maßnahmen, im Hinblick auf die Zielerreichung, durchführen zu können. Der Evaluations- und Revisionsprozess selbst wird nur kurzthematisiert.[219]

Die Schritte in der Strategie von Grunert werden sehr ausführlich und präzise beschrieben. Dies wird bspw. bei der Erstellung der Customer Buyer Persona sichtbar. Für die Datengewinnung werden mehrere verschiedene Vorgehensweisen aufgeführt, wodurch eine exakte Zielgruppenbeschreibung möglich ist.[220]

Eine Zieldefinition ist in seiner Strategie nicht enthalten. Nachdem im zweiten Schritt die Themenfindung[221] abgeschlossen ist, orientiert sich der gesamte Strategieprozess an der Customer Journey und den einzelnen Funnels. Das

---

[215] Vgl. Schauer-Bieche (2019), S. 107 ff.

[216] Vgl. ebd., S. 108 f.

[217] Vgl. ebd., S. 109.

[218] Vgl. ebd., S. 110.

[219] Vgl. ebd., S. 122.

[220] Vgl. Grunert (2019), S. 172 ff.

[221] Vgl. ebd., S. 177 ff.

Verhalten der Kunden*innen wird intensiv untersucht, um ihnen passende Inhalte und Lösungen anbieten zu können.[222]

Eine wichtige Grundlage für die Bewertung der einzelnen Konsumierenden bildet das Lead Scoring im fünften Schritt. Hierbei wird den Personen, anhand selbstgewählter Kriterien, einReifegrad zugeteilt. Die Gewichtung der verschiedenen Kriterien erfolgt subjektiv und ist unbegründet.[223]

Die Orientierung am Funnel, dem Prozess der Kundengewinnung, zieht sich durch das Content-Mapping und das KPI Framework hindurch. Dabei wird jedoch die Verteilung der Rollen und Verantwortlichkeiten außen vorgelassen. Das kann zu Problemen in der anschließenden Content-Produktion führen. Falls nicht genügend Personal vorhanden ist, kann das Content Marketing nicht wie geplant durchgeführt werden.[224]

Dadurch, dass keine Content-Redaktion festgelegt wird, können die Personalkosten nicht bestimmt werden. In der Strategie von Grunert findet generell keine Kostenkalkulation statt. Auch die Werbe- und Produktionskosten für die Inhalte werden nicht betrachtet. Deshalb können die einzelnen Content-Maßnahmen, wie in der Strategie von Schauer-Bieche, nicht in ein Verhältnis zu ihren Kosten gesetzt werden.

5.2.3 Umsetzbarkeit

Alle drei vorgestellten Content-Marketing-Strategien unterscheiden in sich in ihrer Umsetzbarkeit. Die einzelnen Schritte in der Strategie von Hilker sind für kleine und große Unternehmen gut durchführbar.

Die Erstellung eines Zeitplans, im fünften Schritt, gibt eine datierte Vorgehensweise für die Content-Produktion und -Veröffentlichung vor. Dieser wird von den Unternehmen individuell angepasst und dient als feste Orientierung im Content-Marketing.[225]

Hilkers Strategie ist die einzige, welche sowohl die personellen als auch die finanziellen Aspekte untersucht. In der sechsten Strategiephase werden alle anfallenden Kosten, von der Produktion bis hin zu Auswertung, kalkuliert.

---

[222] Vgl. ebd., S. 187 ff.

[223] Vgl. Grunert (2019), S. 196 ff.

[224] Vgl. ebd., S. 200 ff.

[225] Vgl. Hilker (2017), S. 92 ff.

Zusätzlich werden in dieser Phase die Verantwortlichkeiten geklärt. Auf dieser Basis kann der personelle und finanzielle Bedarf mit den vorhandenen Ressourcen abgeglichen werden und die Budgets können festgelegt werden.[226]

Mögliche Veränderungen in der Unternehmensumwelt werdenjedochin ihrer Strategie nicht betrachtet. Weder die gesetzten Content-Marketing-Ziele noch die Zielgruppendefinition werdenim Nachhinein untersucht und gegebenenfalls angepasst. Eine regelmäßige Überprüfung ist allerdings wichtig, um auf Veränderungen reagieren zu können. Wer dies nicht macht, läuft Gefahr, dass die veröffentlichten Inhalte ihre ursprüngliche Wirkung verfehlen und für die eigene Zielgruppe nicht relevant sind.

Diese regelmäßige Überprüfung der Zielgruppen und der Content-Marketing-Ziele fehltebenfalls in der Strategie von Schauer-Bieche. Innerhalb seiner Strategie werden lediglich die Inhalte während des Evaluations- und Revisionsprozesses untersucht und angepasst. [227]

Im vierten Strategieschritt, der Content-Redaktion, werden die Rollen und Verantwortlichkeiten im Content Marketing geklärt. Die frühe Festlegung des personellen Bedarfs ermöglicht eine schnelle und reibungslose Produktion der Inhalte.[228]

Innerhalb des siebten Schritts, der Vermarktungsstrategie, werden neben dem Marketingbudget auch die benötigten Tools und Kanäle für die Vermarktungfestgelegt.[229]Die Personal- und Produktionskosten werden in der Strategie von Schauer-Biechejedoch nicht berücksichtigt.

Im Hinblick auf die Umsetzbarkeit schneidet die Content-Marketing-Strategie von Grunert am schlechtesten ab. Obwohl seine Strategie eine Content-Map enthält, werden in dieser keine Verantwortlichkeiten festgelegt. Dies ist problematisch, da die Gefahr besteht, dass für die Content-Produktion nicht genügend qualifiziertes Personal zur verfügbar steht und die Inhalte nicht produziert werden können.[230]

---

[226] Vgl. ebd., S. 92.

[227] Vgl. Schauer-Bieche (2019), S. 122.

[228] Vgl. ebd., S. 107 f.

[229] Vgl. ebd., S. 110 f.

[230] Vgl. Grunert (2019), S. 201 ff.

Neben dem personellen Bedarf werden die finanziellen Aspekte ebenfalls nicht integriert. Innerhalb der gesamten Strategie von Grunert werden keine Personal-, Vermarktungs- und Produktionskosten bestimmt.

Positiv ist anzumerken, dass Grunerts Strategie als einzige die Zielgruppendefinition als dauerhaften Prozess beschreibt. Die Customer Buyer Personas müssenkontinuierlich überprüft und angepasst werden, da diese die Grundlage für die Content-Themen bildet. Die Strategie ist somit flexibel und anpassbar für Änderungen in der Unternehmensumwelt.[231]

5.3 Ableitung einesganzheitlichen Ansatzes für eine Content-Marketing-Strategie

Nachdem die drei vorgestellten Content-Marketing-Strategien miteinander verglichen und bewertet wurden, besteht das Ziel dieser Arbeit darin, einen ganzheitlichen Strategieansatz abzuleiten. Der folgende Ansatz vereint die wichtigsten Strategieelemente und besteht aus insgesamt sieben Schritten.

Schritt 1: Zieldefinition

Die Zieldefinition bildet die Grundlage einererfolgreichen Strategie und ist richtungsweisend. Eine mangelnde Zieldefinition kann dazu führen, dass ein gesamtes Projekt scheitert, weshalb dieZiele im Content Marketing sorgfältig festgelegt werden müssen.[232] Für eine eindeutige Zieldefinition eignet sich die SMART-Methode:

S – Spezifisch

- Was genau soll erreicht werden und wie lauten die Eigenschaften des Ziels?

M – Messbar

- Wie und womit soll die Zielerreichung gemessen werden?

A – Attraktiv

- Ist das gesetzte Ziel für alle Beteiligten attraktiv?

---

[231] Vgl. ebd., S. 176 f.
[232] Vgl. Schauer-Bieche (2019), S. 102 f.

R – Realistisch

- Ist das Ziel mit den vorhandenen Ressourcen realistisch umsetzbar?

T- Terminiert

- Bis zu welchem festgelegten Zeitpunkt soll die Zielerreichung stattfinden?[233]

Bei der Zielentwicklung darf der Fokus nicht nur auf betriebswirtschaftliche Größen gelegt werden, sondern auch darauf, was die Konsumierenden von den Inhalten erwarten.[234] Die Content-Marketing-Ziele sollten außerdem im Einklang mit den übergeordneten Unternehmenszielen stehen, damit ein einheitlicherUnternehmensauftritt ermöglicht wird.[235]

Schritt 2: Zielgruppendefinition

Da im Content Marketing relevante, zielgruppenspezifische Inhalte gefragt sind, ist detailliertes Wissen, bezüglich der eigenen Zielgruppe und deren Interessen, von großer Bedeutung. Eine umfangreiche Zielgruppendefinition ist entscheidend für den Erfolg der erstellten Inhalte.Diese gelingt über die Erstellung einer Customer Buyer Persona, alsoeine detaillierte Beschreibung einer einzelnen Person aus der Zielgruppe.[236] Merkmale, Verhalten, Interessen und Probleme der Zielgruppen werden zusammengetragen und falls verschiedene Zielgruppen vorliegen, ist die Erstellung mehrerer Personas ratsam.[237]

Innerhalb der Customer Buyer Persona wird in B2B- und B2C-Kunden*innen unterschieden.B2C-Kunden*innen werden im Hinblick auf vier Merkmale untersucht. Dabei werden demografische Merkmale (z. B. Alter, Geschlecht, Wohnort), sozioökonomische Aspekte (z. B. Einkommen, Beruf, Bildung), psychografische Merkmale (z. B. Wünsche, Motivationen, Lebensstil) und Merkmale über das Kaufverhalten (z. B. Mediennutzung, Preise, Zufriedenheit) zusammengetragen.[238]

---

[233] Vgl. ebd., S. 103 f.

[234] Vgl. ebd., S. 102 f.

[235] Vgl. Homburg (2017), S. 542.

[236] Vgl. Hilker (2020), S. 89 f.

[237] Vgl. Grunert (2019), S. 172 ff.

[238] Vgl. Schauer-Bieche (2019), S. 104.

Falls die Zielgruppe aus B2B-Kunden*innen besteht, werden unternehmensbezogene Merkmale herangezogen. Diese sind bspw. die Personalanzahl, die Unternehmensgröße, der Umsatz des Unternehmens und die Branche. Zudem ist die Unternehmensartbedeutsam für die Zielgruppenbeschreibung. Ein Start-up kann nicht mit einem traditionellen Familienunternehmen gleichgesetzt werden.[239]

---

[239] Vgl. ebd., S. 105 f.

Die Datenquellen dafür sind verschieden. Eine Analyse der eigenen Website und der Social-Media-Kanäle gibt Aufschluss über die Inhalte und Themen, welche bei den Nutzern*innen gefragt sind. Mit Hilfe von Umfragen, auf der Website oder per E-Mail, können Fragen gestellt werden, welche für die Zielgruppenbeschreibung relevant sind.[240] Eine weitere Vorgehensweise ist die Erstellung der Customer Buyer Persona im Team. Jeder Mitarbeitende, welcher im direkten Kontakt mit den Kunden*innen steht, kann wertvolles Wissen einbringen.[241]

DieErstellung einer Buyer Persona kannjedoch nicht als eine einmalige Aktion betrachtet werden. Sie ist ein andauernder Prozess, welcher vergleichbar mit einer Thesenüberprüfung ist. Die entwickelten Buyer Personas müssen regelmäßig getestet und optimiert werden.[242]

Schritt 3: Positionierung und Pre-Content-Analyse

Für einen einheitlichen Content-Marketing-Auftritt ist neben der Bedürfnisbefriedigung der Zielgruppe, die der eigenen Marke essentiell. Werte und Visionen, welche das eigene Unternehmenvertritt, müssen im Vorfeld festgelegt werden. Diese Positionierung muss sich in allen Inhalten widerspiegeln. Sie muss klar nachvollziehbar und authentisch sein. Auf diese Weise wirddie Glaubwürdigkeit bei den Usern bewahrt.[243]

Bevor mit der Produktion neuer Inhalte begonnen wird, ist die Durchführung einer Pre-Content-Analyse sinnhaft. Diese ist eine Status-quo-Analyse, bei welcher die bereits bestehenden Inhalte, falls vorhanden, in Bezug auf dieUnternehmenswerte und die neu festgelegten Content-Zieleuntersucht werden. Oftmals kann bestehender Content weiterhin verwendet werden, oder muss lediglich minimal geändert werden.[244]

Im Vorfeld wird eine Key Story festgelegt, welche vermittelt werden soll. Sie ist eine durchgängige Leitidee, welche sich durch das gesamte Content Marketing hindurchzieht, um eine feste Positionierung einzunehmen oder ein Image zu bewahren.[245]

---

[240] Vgl. Grunert (2019), S. 176 f.

[241] Vgl. Hilker (2017), S. 90.

[242] Vgl. Grunert (2019), S. 176 f.

[243] Vgl. Grunert (2019), S. 181 ff.

[244] Vgl. Schauer-Bieche (2019), S. 106.

[245] Vgl. Hilker (2017), S. 88.

Im Rahmen der Pre-Content-Analyse stehen noch weitere Betrachtungsweisen im Mittelpunkt. Die Inhalte können zum einen in Bezug auf die Anzahl ihrer Verlinkungen betrachtet werden. Je öfter ein Beitrag extern erwähnt wird, desto größer ist dessen Relevanz und Reichweite. Zum anderen können die Zugriffszahlen der Inhalte verglichen werden, um herauszufinden, welche Inhalte gefragt sind. Eine Analyse des Nutzerverhaltens gibt Ausschluss darüber, welche Inhalte wie lange betrachtet werden und bei welchen die Konsumierenden bspw. die Unternehmenswebsite oder den Social-Media-Kanal verlassen.

Mit Hilfe der Pre-Content-Analysekönnen bestehenden Inhalte miteinander vergleichen werden. Auf diese Weise kann effizient ermittelt werden, welche Inhalte bereits funktionieren und welche angepasst werden müssen.[246]

Schritt 4: Themenfindung

Die Produktion relevanter Inhalte ist eine der größten Herausforderungen im ContentMarketing. An dieser Stelle ist viel Kreativität und Hingabe erforderlich, um Themen zu finden, welche die Zielgruppe ansprechen und zu einer positiven Markenwahrnehmung führen. Die Themen müssen im Einklang mit der festgelegten Leitidee stehen.[247]

Für die Themenfindung bieten sich verschiedenen Vorgehensweisen an. Zielführend ist dieBetrachtung der Interessen und Probleme der eigenen Zielgruppe. Die Datenwerden z. B. über Suchmaschinenanalysen und Ergebnisse aus Onlinepanels gewonnen. Ein Panel ist eine Personengruppe, welche repräsentativ an Umfragen und Studien zu bestimmten Themen teilnimmt. Zudem gibt die Auswertung von Suchbegriffen und Schlagwörtern in den Suchmaschinen Aufschluss über aktuelle Trends und beliebte Themen. Die gesammelten Informationen werden anschließend im Content-Plan eingefügt.[248]

Eine weitere Methode ist das Brainstorming. Ziel ist, so viele Themen und Ideen aufzuschreiben wie nur möglich. Diese Themen können bspw. von Jahreszeiten und Feiertagen inspiriert sein, damit der Content für reale Ereignisse relevant ist. Die erstellte Liste wird anschließend mehreren, unabhängigen Personen vorgestellt,

---

[246] Vgl. Schauer-Bieche (2019), S. 106 f.
[247] Vgl. Schauer-Bieche (2019), S. 108 f.
[248] Vgl. Grunert (2019), S. 177 ff.

um sich Feedback von diesen einzuholen. Insbesondere im Content Marketing sind externe Meinungen von hoher Bedeutung.[249]

Schritt 5: Redaktions- und Content-Plan

Die regelmäßige Produktion und Veröffentlichung von Content ist ein sehr aufwendiger Prozess. Der Content-Plan ermöglicht einen strukturierten Ablauf und schafft eine Übersicht darüber, wann und wo, welcher Content veröffentlicht wird.[250]Dieser bildet die Grundlage für die Content-Redaktion, weshalb eine klare und umfangreiche Beschreibung notwendig ist, um Fehler zu vermeiden.[251] Der Content-Plan gibt zudemAuskunft darüber, welche Ressourcen, Maßnahmen und Grundvoraussetzungen für die Umsetzung benötigt werden.[252]

Bevor der Content-Plan erstellt wird, findet die Festlegung des Redaktionsplans statt. Hier werden alle Verantwortlichen für die Content-Produktion, -Vermarktung, -Evaluation und -Optimierung bestimmt. Dies verschafft einen Überblick über die vorhandenen personellen Ressourcen und den tatsächlich benötigten Bedarf. Idealerweise werden alle Prozesse von internem Personal übernommen. Falls dies nicht möglich ist, müssen externe Agenturen und Dienstleister zur Unterstützung herangezogen werden. Die besten Ideen können nicht umgesetzt werden, wenn geeignetes Personal fehlt. Aus diesem Grund sollte im Vorfeld geklärt werden, wer wofür verantwortlich ist.[253]

Sobald die Themen und der Redaktionsplan festgelegt wurden, wird entschieden, welche Content-Formate und Kanäle gewählt werden. Um die Zielgruppen bestmöglich zu erreichen, sollten die gewählten Kanäle und Formate mit deren Mediennutzung übereinstimmen.[254]

Daneben spielt die Vermarktung der Inhalte eine bedeutende Rolle. Die Inhalte erzielen keine Wirkung, wenn diese nicht gesehen, gelesen oder gehört werden. Die Größe des Werbebudgets hat Auswirkungen auf die Reichweite des Contents und ist somit ausschlaggebend für den Erfolg von Content Marketing.Im Content-Plan muss festgelegt werden, welche Inhalte wie vermarktet werden sollen, welche

---

[249] Vgl. Schauer-Bieche (2019), S. 108 f.

[250] Vgl. ebd., S. 109.

[251] Vgl. Grunert (2019), S. 200.

[252] Vgl. Hilker (2017), S. 92.

[253] Vgl. Schauer-Bieche (2019), S. 107 f.

[254] Vgl. Auler/Huberty (2019), S. 19 f.

Kanäle und Tools dafür benötigt werden und welche Kooperationen eingegangen werden müssen.[255]

Ein wirksamer Content-Planbeinhaltet folgende Aspekte:

- Titel und kurze Beschreibung des Inhaltes
- Status des Inhaltes (ausstehend, in Bearbeitung, erstellt, veröffentlicht)
- Veröffentlichungsdatum des jeweiligen Inhalts
- Welches Content-Format? (Text, Audio, Bild, Video)
- Welche Content-Art? (Blogbeitrag, Podcast, Interview etc.)
- Auf welchem Kanal wird der Content veröffentlicht? (Website, Facebook, Blog etc.)
- Wie wird der Content beworben?
- Wie wird der Content produziert? (internes Personal oder externe Dienstleister)
- Wer ist für die Content-Produktion, -Vermarktung, und -Evaluationverantwortlich?[256]

Schritt 6: Content-Marketing-Kosten

Die Kalkulation der Content-Marketing-Kosten ist ausschlaggebend für die Budgetverteilung und die anschließende Erfolgsmessung. In einem Kosten-Plan werden alle Kosten ermittelt, welche für die Produktion, die Vermarktung und die eingesetzten Tools anfallen.

Je nachdem wie hoch die Kosten sind, wird das zur Verfügung stehende Budget auf die einzelnen Maßnahmenverteilt. Für jeden Inhalt werden die Produktions- und Vermarktungskosten berechnet. Dies hilft der Geschäftsleitung eines Unternehmens nachzuvollziehen, welche Auswirkungen eine Veränderung des Werbebudgets auf die Unternehmensziele wie Umsatzsteigerung oder Neukundengewinnung haben.[257]

---

[255] Vgl. Schauer-Bieche (2019), S. 110 f.

[256] Vgl. ebd., S. 109.

[257] Vgl. Hilker (2017), S. 92 ff.

Schritt 7: Controlling und Optimierung

Das Content-Controlling ist essentiell, um den Erfolg der eingesetzten Content-Marketing-Maßnahmen zu messen. Ohne Kontrollen können Verbesserungspotentiale nicht erkannt werden und Optimierungen sind nicht möglich.[258] Damit der veröffentlichte Content aktuell bleibt, müssen die Inhalte kontinuierlich überwacht und angepasst werden. Im Idealfall wird die regelmäßige Überprüfung von internem Personal übernommen, welches über Expertise im Bereich von Content-Review verfügt. Sobald die Überprüfung der Inhalte vernachlässigt wird, leidet die Qualität dieser darunter und die gewünschten Effekte im Content Marketing bleiben aus.[259]

Für die Auswertung der Inhalte müssengeeignete KPI festgelegt werden.KPI sind verständliche Leistungsindikatoren, welche zur Messung der Zielerreichung eingesetzt werden.[260] Eine regelmäßige Auswertung der KPI ist anschließend entscheidend, um herauszufinden, ob der Content die Zielgruppe erreicht und wie er auf diese wirkt.[261]

Die KPI werden unterteilt in Kennzahlen mit Zielgruppenbezug und Kennzahlen mit Vertriebsbezug. Kennzahlen mit Zielgruppenbezug werdenhauptsächlich in den sozialen Netzwerken, Suchmaschinen und auf Websites erfasst. Dazu gehören bspw. die Anzahl der Aufrufe, Likes, Kommentare oder Shares bei Beiträgen, die Verweildauer, die Absprungrate und die Entwicklung von Follower-Zahlen.[262]

Kennzahlen mit Vertriebsbezug geben Auskunft darüber, welche Auswirkungen die verschiedenen Inhalte auf das Geschäft haben. Ein Indikator ist bspw. die Entwicklung des monatlichen Umsatzes, welcher durch drei Parameter beeinflusst wird. Die Anzahl, die Qualität und die Vermarktung der Inhalte. Eine gesteigerte Content-Produktion und eine zielgruppenspezifische Vermarktung können bspw. zu höheren Umsätzen führen. Weitere KPI sind z. B. die Anzahl der monatlichen Neukunden*innen und deren durchschnittlicherEinkaufswert.[263]

---

[258] Vgl. Borst (2017), S. 404.

[259] Vgl. Schauer-Bieche (2019), S. 111 f.

[260] Vgl. Fleig (2015).

[261] Vgl. Hagen/Münzer (2019), S. 127.

[262] Vgl. Grunert (2019), S. 211 ff.

[263] Vgl. ebd., S. 215 f.

6. Handlungsempfehlungen

Der Vergleich der drei vorgestellten Content-Marketing-Strategien hat aufgezeigt, dass die Strategieentwicklung ein umfangreicher Prozess ist, in welchem verschiedenen Aspekte betrachtet werden müssen. Die abgeleitete Strategie ermöglicht den Aufbau einereigenen und strukturierten Content-Marketing-Strategie, um die gesetzten Content-Marketing-Ziele zu erreichen. Im Folgendem werden Handlungsempfehlungen für den Einsatz der abgeleiteten Strategie gegeben.

Um langfristig die eigenen Zielgruppen mit relevanten Inhalten zu erreichen, empfiehlt sich eine stetige Überprüfung der Customer Buyer Personas. Nur wer seine Zielgruppen kennt, weiß welche Inhalte diese bedürfen. In der abgeleiteten Content-Marketing-Strategie wird erkenntlich, dass die Zielgruppendefinition die Grundlage für die Themenfindung bildet und somit ausschlaggebend für den Erfolg des Content Marketings ist.

Da sich die Merkmale und Interessen der Zielgruppen ändern können, müssen dieaufgestellten Customer Buyer Personas in regelmäßigen Abständen von geeignetem Personal kontrolliert werden.[264] Auf diese Weise können die Inhalte entsprechend den Veränderungen innerhalb der Personas angepasst werden. Falls dies nicht geschieht, besteht die Gefahr, die Zielgruppe nicht mehr zu erreichen, wodurch die Inhalte ihre Wirkung verlieren. Streuverluste bedeuten im Endeffekt auch finanzielle Verluste.

Weiterhin ist empfehlenswert, nicht nur eine einzelne, sondern mehrere Customer Buyer Personas im Rahmen der Zielgruppendefinition zu erstellen. Dadurch können alle potentiellen Kunden*innen angesprochen werden. Insbesondere bei international agierenden Unternehmen unterscheiden sich die Zielgruppen teilweise stark voneinander, weshalb die Inhalte und Formate spezifisch angepasst werden müssen.

Innerhalb des Strategievergleichs wurde die Relevanz der Zielgruppendefinition verdeutlicht, weshalb mehrere Personen an der Entwicklung der Personas beteiligt sein sollten. Dies hat zur Folge, dass das Risiko von fehlenden, oder ungenauen Beschreibungen reduziert wird, da mehrere Blickwinkel betrachtet werden. Bei internationalen Unternehmen mit vielen verschiedenen Zielgruppen bietet sich

---

[264] Vgl. Grunert (2019), S. 176 f.

eine Unterteilung dieser nach ihrem geografischen Standort an. Die Unterteilung kann bspw. nach Ländern oder Kontinenten vorgenommen werden.

Um einen konstanten Content-Marketing-Auftritt zu gewährleisten, ist die Festlegung einer Leitidee ratsam, welche sich durch alle veröffentlichten Inhalte hindurchzieht.[265] Diese wird im dritten Schritt der abgeleiteten Content-Marketing-Strategie festgelegt und beeinflusst sowohl die Pre-Content-Analyse als auch die darauffolgende Themenfindung.

Eine feste Leitidee hat den Vorteil, dass alle veröffentlichten Inhalte im Einklang stehen. Werden bestehende und geplante Inhalte nicht im Hinblick auf die festgelegte Leitidee und die Positionierung eines Unternehmens untersucht, können unstimmige Inhalte für Verwirrung bei der Zielgruppe sorgen. Darunter leidet die öffentliche Wahrnehmung der Marke und die Glaubwürdigkeit bei den Konsumierenden sinkt.

Damit eine stetige Verbesserung im Content Marketings gewährleistet wird, ist die Integration eines kontinuierlichen Verbesserungsprozesses (KVP)in die Content-Marketing-Strategie empfehlenswert. DieseForm des Qualitätsmanagements umfasst alle Maßnahmen, welche dazu dienen Produkte, Prozesse oder Service innerhalb eines Unternehmens, im Hinblick auf ihre Effizienz und Qualität, zu verbessern. Die Besonderheit dabei ist, dass dieVerbesserungsvorschläge von den Mitarbeitendenausgehen und schnell realisiert werden können. Im Mittelpunkt steht die Beeinflussung der Denkhaltung der Mitarbeiter*innen, welche ständig überprüfen sollen, wie ihre eigene Arbeit verbessert werden kann.[266]

Ein KVP-Konzept ist ebenso auf das Content Marketing übertragbar undzieht sich durch alle Strategieschritte hindurch. Eine Möglichkeit für die Etablierung eines solchen Konzeptes ist die Unterteilung in drei Phasen. Diese sind die eingehende Ideenbeschreibung, die KVP-Workshops und die Festlegung von KVP-Standards.

Während des ersten Schrittes beschreibendie Mitarbeitenden ihren Verbesserungsvorschlag für die eigene Arbeit. Das könnte z. B. eine neue Vorgehensweise für die Themenfindung im Content Marketing sein. Dieser Verbesserungsvorschlag wird dann an den*die festgelegte*n KVP-Koordinator*in, bzw. bei kleinen Unternehmen direkt an die Geschäftsleitung, weitergeleitet. Diese*r entscheidet dann schnellstmöglich darüber, ob der gestellte

---

²⁶⁵ Vgl. Hilker (2017), S. 88.
²⁶⁶ Vgl. Fleig (2014).

Verbesserungsvorschlag angenommen, oder abgelehnt wird und schickt eine begründete Antwort zurück.

Wurde der Vorschlag angenommen, wird innerhalb eines KVP-Workshops die Umsetzung geplant. Die Teilnehmenden am KVP-Workshop sind die Geschäftsleitung, der*die Mitarbeiter*in, welche den Verbesserungsvorschlag eingereicht hat und alle Mitarbeitenden, welche diese Veränderung betrifft.

Nach der Umsetzung wird die neue Lösung abschließend als KVP-Standard definiert. Die Standards dienen dazu, ein erreichtes Verbesserungsniveau zu halten und sie bilden die Ausgangslage für weitere Verbesserungsvorschläge und Ideen.[267]

Für Unternehmen, welche sich an der abgeleiteten Strategie orientieren, empfiehlt sich, die Strategieentwicklung nicht alleine durchzuführen, sondern im Team. Die zusätzliche Integration eines KVP, innerhalb des Strategieprozesses, steigert nachhaltig die Qualität der Maßnahmen und hat positive Auswirkungen auf die Mitarbeitermotivation, da diese mit ihren Verbesserungsvorschlägen an der Unternehmensentwicklung teilhaben können. Unternehmen, welche sich diesen Herausforderungen stellen, werden in der anschließenden Strategieumsetzung belohnt und besitzen gute Voraussetzungen für ein erfolgreiches Content Marketing.

---

[267] Vgl. Crespo et al. (2009), S. 173 ff.

7. Fazit und Ausblick

Die Informationsüberflutung in der digitalen Welt hat zu einem Wandel in der Werbebranche geführt. Im Mittelpunkt der Unternehmenskommunikation steht die Rückgewinnung der Aufmerksamkeit der Konsumierenden.[268] Immer mehr Unternehmen nutzen dafür Content Marketing, um den Zielgruppen mit relevanten Inhalten einen markenbezogenen Mehrwert zu bieten.[269] Die Untersuchungen im Rahmen dieser Arbeit haben aufgezeigt, dass die Entwicklung einerContent-Marketing-Strategie sehr aufwendig und zeitintensiv ist. Dieser Schritt ist jedoch notwendig, um die gesetzten Content-Marketing-Ziele effizient und nachhaltig zu erreichen.

Das Ziel der Arbeit bestand darin, aus dem Vergleich der vorgestellten Strategien, einen ganzheitlichen Ansatz für eine Content-Marketing-Strategie abzuleiten. Dafür wurden im zweiten Kapitel die Grundlagen des Content Marketings behandelt, um den Lesenden in die Thematik einzuführen. Nachdem die ausgewählten Content-Marketing-Strategien vorgestellt wurden, fand im fünften Kapitel der Vergleich und die Bewertung der Strategien statt. Durch den Vergleich konnten Gemeinsamkeiten und Unterschiede im Inhalt und Aufbau der Strategien festgestellt werden. Alle vorgestellten Strategien beinhalteten u. a. eine Zielgruppendefinition, die Themenfindung, die Erstellung eines Content-Plans und die Erfolgsmessung. Auf der Basis der Strategiebewertung wurde ein neuer, ganzheitlicher Strategieansatz abgeleitet. Die Bewertungskriterien bezogen sich auf die Konsistenz, den Inhalt und die Umsetzbarkeit der Strategien.

Die abgeleitete Strategie besteht aus insgesamt sieben Schritten und beginnt mit der Definition der Content-Marketing-Ziele und der eigenen Zielgruppen. Im dritten Schritt wird die eigene Positionierung festgelegt und der bestehende Content untersucht. Anschließend finden die Themenfindung und die Erstellung eines Redaktions- und Content-Plans statt. Nachdem im sechsten Strategieschritt die Content-Marketing-Kosten untersucht werden, wird abschließend das Controlling und der Optimierungsprozessgeplant.

Obwohl die Grundidee der Veröffentlichung von relevanten Inhalten bis in das 19. Jahrhundert zurückführt, ist Content Marketing eine junge Disziplin, welche erst in den letzten Jahren stark an Bedeutung gewann. Dies ist der Grund dafür, weshalb

---

[268] Vgl. Lewinski (2020), S. 8.
[269] Vgl. Riekhof/Jacobi (2016), S. 5.

die Forschungsliteratur, insbesonderezu den Content-Marketing-Strategien, sehr begrenzt ist. Für neue Forschungsarbeiten wäre daher interessant, andere Content-Marketing-Strategien mit der in dieser Arbeit abgeleiteten Strategie zu vergleichen. Dadurch werdenwichtige Erkenntnisse erlangt, welche zusätzlich in die Strategie integriert werden können.

Des Weiteren ist die abgeleitete Content-Marketing-Strategie nicht in der Praxis erprobt. Eine Untersuchung der Umsetzbarkeit gibt Aufschluss über entstehende Probleme, welche nicht betrachtet wurden. Dafür eignet sich die Strategieumsetzung in verschiedenen Unternehmen mit unterschiedlichen Ausgangssituationen. Diese können sich bspw. auf die Anzahl der Mitarbeiter*innen, auf das zur Verfügung stehende Werbebudgetoder auf die Branche beziehen. Auf diese Art und Weise können spezifische Content-Marketing-Strategien erstellt werden.

Die Zukunft wird zeigen, ob die vorliegende Arbeit einen Beitrag dazu leistet, dass Content-Marketing-Strategien vermehrt in den Fokus der Marketingabteilungen rücken. Eines ist jedoch sicher: der Erfolg von Content Marketing steht und fällt mit der Strategie dahinter.

Not content is king, the strategy behind it is king.

Literaturverzeichnis

Auler, Fabian; Huberty, Danièle (2019): Content Distribution. So Verbreiten Sie Ihren Content Effektiv in Ihren Zielgruppen. Wiesbaden: Springer Gabler. in Springer Fachmedien Wiesbaden GmbH.

Baric-Gaspar, Ivana (2020): Umfassender Leitfaden für eine Content Marketing-Strategie. Online verfügbar unter https://www.zensations.at/de/blog/umfassender-leitfaden-f%C3%BCr-eine-content-marketing-strategie, abgerufen am: 13.02.2021.

Borst, Franca (2017): Content Marketing: Digitale Markenführung mit nützlichen Inhalten. In: Elke. Theobald (Hg.): Brand Evolution. Moderne Markenführung im digitalen Zeitalter. 2. Aufl. 2017. Wiesbaden: Springer Fachmedien Wiesbaden; Imprint; Springer Gabler, S. 391–409.

Burkhardt, Rainer; Siefke, Andreas (2013): It`s the content, stupid! In: Andreas Baetzgen und Jörg Tropp (Hg.): Brand content. Die Marke als Medienereignis. Stuttgart: Schäffer-Poeschel (Handbuch für Marken- und Kommunikationsstrategen), S. 130–143.

BVDW (2017): Content Marketing. Online verfügbar unter https://www.bvdw.org/der-bvdw/gremien/content-marketing/news/, abgerufen am: 31.01.2021.

Content Marketing Institute (2017): What is Content Marketing? Online verfügbar unter https://contentmarketinginstitute.com/what-is-content-marketing/, abgerufen am: 01.02.2021.

contentmanager Magazin (2018): Content Marketing Investition: Rentabel oder Kostenstelle? Online verfügbar unter https://www.contentmanager.de/wissen/content-roi-warum-content-marketing-eine-zukunftsweisende-investition-ist/, abgerufen am: 02.02.2021.

Craig Bailey (2017): Content Is King by Bill Gates. Online verfügbar unter https://www.craigbailey.net/content-is-king-by-bill-gates/, abgerufen am: 12.03.2021.

Crespo, Isabel; Bergmann, Lars; Portmann, Stefan (2009): 6 Kontinuierliche Verbesserungsprozesse. In: Uwe Dombrowski, Thomas Lacker und Sabine Sonnentag (Hg.): Modernisierung kleiner und mittlerer Unternehmen. Ein Ganzheitliches Konzept. Dordrecht: Springer (VDI-Buch), S. 169–178.

Duden (2021): Content. Online verfügbar unter
https://www.duden.de/rechtschreibung/Content, abgerufen am:
30.01.2021.

Auler, Fabian; Huberty, Danièle (2019): Content Distribution. So Verbreiten Sie
Ihren Content Effektiv in Ihren Zielgruppen. Wiesbaden: Springer Gabler.
in Springer Fachmedien Wiesbaden GmbH.

Baric-Gaspar, Ivana (2020): Umfassender Leitfaden für eine Content
Marketing-Strategie. Online verfügbar unter
https://www.zensations.at/de/blog/umfassender-leitfaden-f%C3%BCr-
eine-content-marketing-strategie, abgerufen am: 13.02.2021.

Borst, Franca (2017): Content Marketing: Digitale Markenführung mit
nützlichen Inhalten. In: Elke. Theobald (Hg.): Brand Evolution. Moderne
Markenführung im digitalen Zeitalter. 2. Aufl. 2017. Wiesbaden: Springer
Fachmedien Wiesbaden; Imprint; Springer Gabler, S. 391–409.

Burkhardt, Rainer; Siefke, Andreas (2013): It`s the content, stupid! In: Andreas
Baetzgen und Jörg Tropp (Hg.): Brand content. Die Marke als
Medienereignis. Stuttgart: Schäffer-Poeschel (Handbuch für Marken- und
Kommunikationsstrategen), S. 130–143.

BVDW (2017): Content Marketing. Online verfügbar unter
https://www.bvdw.org/der-bvdw/gremien/content-marketing/news/,
abgerufen am: 31.01.2021.

Content Marketing Institute (2017): What is Content Marketing? Online
verfügbar unter https://contentmarketinginstitute.com/what-is-content-
marketing/, abgerufen am: 01.02.2021.

contentmanager Magazin (2018): Content Marketing Investition: Rentabel oder
Kostenstelle? Online verfügbar unter
https://www.contentmanager.de/wissen/content-roi-warum-content-
marketing-eine-zukunftsweisende-investition-ist/, abgerufen am:
02.02.2021.

Craig Bailey (2017): Content Is King by Bill Gates. Online verfügbar unter
https://www.craigbailey.net/content-is-king-by-bill-gates/, abgerufen
am: 12.03.2021.

Crespo, Isabel; Bergmann, Lars; Portmann, Stefan (2009): 6 Kontinuierliche Verbesserungsprozesse. In: Uwe Dombrowski, Thomas Lacker und Sabine Sonnentag (Hg.): Modernisierung kleiner und mittlerer Unternehmen. Ein Ganzheitliches Konzept. Dordrecht: Springer (VDI-Buch), S. 169–178.

Duden (2021): Content. Online verfügbar unter https://www.duden.de/rechtschreibung/Content, abgerufen am: 30.01.2021.

Hagen, Lydia; Münzer, Christina (2019): Quick Guide Content. Der Weg zum perfekten Content für mehr Reichweite, Awareness, Leads und Social-Engagement. Wiesbaden: Springer Gabler.

Hilker, Claudia (2017): Content Marketing in der Praxis. Ein Leitfaden - Strategie, Konzepte und Praxisbeispiele für B2B- und B2C-Unternehmen. Wiesbaden: Springer Gabler.

Hilker, Claudia (2020): Claudia Hilker. Online verfügbar unter https://www.hilker-consulting.de/profil/claudia-hilker, abgerufen am: 13.02.2021.

Homburg, Christian (2017): Marketingmanagement. Strategie - Instrumente - Umsetzung - Unternehmensführung. 6. Aufl. 2017. Wiesbaden: Springer Fachmedien Wiesbaden; Imprint; Springer Gabler.

Hungenberg, Harald (2014): Strategisches Management in Unternehmen. Ziele - Prozesse - Verfahren. 8. Aufl. 2014. Wiesbaden: Springer Fachmedien Wiesbaden.

Koch (2018): Nie war die Botschaft so wertlos wie heute. Hg. v. WirtschaftsWoche. Online verfügbar unter https://www.wiwo.de/unternehmen/dienstleister/werbesprech-nie-war-die-botschaft-so-wertlos-wie-heute/23163046.html, abgerufen am:

Kopp, Olaf (2018): Content-Marketing: Definition, Grundlagen, Arten, ZIele, FAQ ... Online verfügbar unter https://www.sem-deutschland.de/inbound-marketing-agentur/online-marketing-glossar/content-marketing/#Was_ist_eine_Content-Marketing-Strategie, abgerufen am: 12.02.2021.

Kruse Brandão, Tanja; Wolfram, Gerd (2018): Digital Connection. Die bessere Customer Journey mit smarten Technologien - Strategie und Praxisbeispiele. 1. Auflage 2018. Wiesbaden: Springer Fachmedien Wiesbaden.

Kühnapfel, Jörg B. (2019): Nutzwertanalysen in Marketing und Vertrieb. 2. Auflage 2019. Wiesbaden: Springer Fachmedien Wiesbaden.

Lapp, Jennifer (2020): Content-Marketing: Die Grundlagen auf einen Blick. Online verfügbar unter https://blog.hubspot.de/marketing/content-marketing-grundlagen, abgerufen am: 06.02.2021.

Leitherer, Johanna (2019): "Ohne Content Marketing verlieren Unternehmen ihre Stimme". In: springerprofessional.de, 31.10.2019. Online verfügbar unter https://www.springerprofessional.de/marketingkommunikation/digitales-marketing/-ohne-content-marketing-verlieren-unternehmen-ihre-stimme-/17296624, abgerufen am: 17.02.2021.

Lewinski, Leif (2020): Eine Historie des Content Marketings. In: Matthias Wesselmann (Hg.): Content gekonnt. Strategie, Organisation, Umsetzung, ROI-Messung und Fallbeispiele aus der Praxis. 1. Auflage 2020. Wiesbaden: Springer Fachmedien Wiesbaden GmbH, S. 3–12.

Löffler, Miriam (2014): Think Content! Grundlagen und Strategien für erfolgreiches Content-Marketing; [Content-Strategie, Content-Marketing, Texten fürs Web; Website-Content verstehen und effizient einsetzen; mehr Reichweite mit dem passenden Content-Mix; essenzielles Texter-Wissen: von SEO über Online-PR bis zur Produktbeschreibung. Bonn: Galileo Press.

Meffert, Heribert; Burmann, Christoph; Kirchgeorg, Manfred (2012): Marketing. Grundlagen marktorientierter Unternehmensführung. 11., überarbeitete und erweiterte Auflage. Wiesbaden: Gabler Verlag.

Milz, Aniko (2019): How-to: So nutzt du User Generated Content effektiv für deine Kampagne. In: OnlineMarketing.de GmbH, 19.03.2019. Online verfügbar unter https://onlinemarketing.de/social-media-marketing/how-to-user-generated-content-effektiv-einsetzen, abgerufen am: 11.02.2021.

Pohlmann, Carsten (2020): Nutzwertanalyse – Entscheidungen transparenter machen | DIM-Blog. Deutsches Institut für Marketing. Online verfügbar unter https://www.marketinginstitut.biz/blog/nutzwertanalyse/, abgerufen am: 22.02.2021.

Pulizzi, Joe (2014): Epic content marketing. How to tell a different story, break through the clutter, and win more customers by marketing less. New York, NY: McGraw-Hill Education.

Riekhof, Hans-Christian; Jacobi, Theresa (2016): Content-Marketing- Strategien in der Unternehmenspraxis: Eine empirische Analyse. Forschungspapier. Private Hochschule Göttingen, Göttingen, abgerufen am:

Rosensteel, Sean (2013): What Is User-Generated Video? In: Forbes, 14.08.2013. Online verfügbar unter https://www.forbes.com/sites/seanrosensteel/2013/08/14/what-is-user-generated-video/?sh=647302c23a89, abgerufen am: 11.02.2021.

Schauer-Bieche, Florian (2019): Der Content-Coach. Leitfaden für bessere Inhalte und durchdachte Strategien im Content-Marketing. 1st ed. 2019.

Springer Gabler (2021): Der Content-Coach - Leitfaden für bessere Inhalte und durchdachte Strategien im Content-Marketing | Florian Schauer-Bieche | Springer. Online verfügbar unter https://www.springer.com/de/book/9783658266547#aboutBook, abgerufen am: 16.02.2021.

Statista (2018): Prognose zur Anzahl der Nutzer von Adblockern in Deutschland bis 2019 Veröffentlicht von A. Poleshova, 17.10.2019 Diese Statistik bildet die Anzahl der Nutzer von Adblockern in Deutschland in den Jahren 2015 bis 2017 sowie eine Prognose bis 2019 ab. Im Jahr 2017 belief sich die Zahl der Nutzer von Werbeblockern in Deutschland auf rund 19,6 Millionen. Anzahl der Nutzer von Werbeblockern in Deutschland in den Jahren 2015 bis 2017 sowie eine Prognose bis 2019. Online verfügbar unter https://de.statista.com/statistik/daten/studie/911962/umfrage/anzahl-der-nutzer-von-adblockern-in-deutschland/, abgerufen am:

Statista (2019): Ziel von Content Marketing-Aktivitäten 2019 | Statista. Online verfügbar unter https://de.statista.com/statistik/daten/studie/621528/umfrage/umfrage-zum-ziel-von-content-marketing-aktivitaeten/, abgerufen am: 02.02.2021.

Sternad, Dietmar (2015): Strategieentwicklung Kompakt. Eine praxisorientierte Einführung. Wiesbaden: Springer Gabler.

Sztuka, Achim (2021): Nutzwertanalyse – ein Verfahren zur Bewertung verschiedener Optionen. Online verfügbar unter http://www.manager-wiki.com/methodik/57-nutzwertanalyse, abgerufen am: 22.02.2021.